U0856503

TALK WITH PARENTS

与父母谈心

蒙台梭利教师给父母的建议

〔意〕玛利亚·蒙台梭利 等／著　　万信琼／译

天津出版传媒集团
天津人民出版社

图书在版编目（CIP）数据

与父母谈心：蒙台梭利教师给父母的建议/(意)蒙台梭利(Montessori,M.)著；万信琼译．—天津：天津人民出版社，2014.1

ISBN 978-7-201-08520-3

Ⅰ.①与… Ⅱ.①蒙… ②万… Ⅲ.①儿童教育－家庭教育 Ⅳ.①G78

中国版本图书馆CIP数据核字（2013）第297848号

天津出版传媒集团

天津人民出版社出版、发行

出版人：黄沛

（天津市西康路35号 邮政编码：300051）

网址：http://www.tjrmcbs.com

电子邮箱：tjrmcbs@126.com

北京金秋豪印刷有限公司

2014年1月第1版 2014年1月第1次印刷

710×1000毫米 16开本 12印张 字数：250千字

定 价：29.50元

目录

PART 1
如何对孩子实施积极管教/1

父母最重要的作用是爱孩子，给他安全感和自信心，使他觉得自己是家庭的正式成员，甚至须臾不可或缺。这是管教真正的坚实基础，否则，管教便依然停留在仰仗外界压力。倘若孩子因行为不当而受罚，那确实会暂时破坏和谐的氛围，但千万不可使孩子产生“我做错了事，所以他们不要我了”的感觉。

PART 2
赏与罚的原则/23

把大人的意愿强加在孩子身上是无济于事的。惩罚再多，也不会带来长期的服从。如今的孩子为维护自身的“利益”，愿意接受各种严重程度的惩罚。从大人的角度看，迷惑不解的父母总是错误地希望惩罚始终有效，却认识不到他们采取的方法其实根本行不通。从惩罚中大人充其量只能获得短暂的效果。

PART 3

家庭中的手足情/39

在一个家庭中，每个孩子多少都会生活在兄弟姐妹的阴影里，时常觉得处境不妙。哪怕作为家中唯一的孩子也难以避免这种感觉。或许他嫉妒别人家的孩子，希望自己也有兄弟姐妹；或许他还会嫉妒父母之间亲昵的举动。

PART 4

体能训练/61

如果留意观察孩子，你会清晰地看出他的智力培养是通过运动实现的。我们在世界各地都对孩子进行过面对面的观察，结果证实，孩子通过运动来提升理解能力。活动有助于智力的培养，而智力的提高往往又能在运动和活动里找到新的依据。

PART 5

电视与儿童/79

电视屏幕的主要危险并不在于它制造什么，而在于它阻碍什么，电视机一打开，孩子转变成大人的道路便会关闭。从好处看，“电视体验”似乎与孩子的需要没有关联，但从坏处想，它对孩子的成长相当不利。倘若为了家长和孩子而努力把电视节目制作得更有吸引力，那就只会导致家长更加放心地让电视当“保姆”，而孩子则更会受到电视的禁锢。

PART 6

饮食问题/93

均衡饮食中的营养成分不需要每天都摄取，这一点很少有母亲明白。此外她们必须注意，只要孩子经常吃的某种食物吃腻了，就应当果断地让他停吃几天。孩子体内储存的丰富养分，足以满足他们不吃某种食物时的营养需要，而当他再次觉得想吃这种食物时，自然会高高兴兴地去吃。

PART 7

孩子的天性/103

每个新生儿都是人类学习新鲜事物的桥梁，只有他们能让人类进入前所未有的新领域，并显示出更强的创造力。然而，进入20 世纪之后，人类不仅创造了生活中太多的美好事物，同时也累积了太多的问题。其中最严重的是，人类经过若干世纪才掌握的知识和技能，已经越来越难传递给下一代了。究其原因，不只是因为知识和技能浩如烟海、汗牛充栋，更是因为存在所谓的“学习障碍”。这也是教育工作者对当代儿童的普遍看法。

PART 8

家居环境/127

为孩子设计适宜的家居环境，是父母向孩子示爱的重要途径。在布置家居环境时，父母不仅要致力于加快孩子的独立，更应该让孩子了解父母对他的尊重和关注。

PART 9

创造力的培养/147

当今性教育最大的缺失，就是没有触及“减少性行为”这一课题。性教育普遍谈到青少年应进行“更负责任的”、“更明智的”、“更有计划的”以及“更谨慎的”性行为，却从不提及应当减少性行为。性教育建议青少年必须小心、谨慎，却从不建议他们自我控制。

PART 10

儿童的性教育/171

管教的内涵当然远不止维持秩序，可以说，它是使孩子朝着令人满意的自控方向逐步成长的过程。大人应该懂得，孩子的道德发展要经历三个主要阶段，而在每个阶段他们都需要大人的帮助。

PART 1

如何对孩子实施积极管教

父母最重要的作用是爱孩子，给他安全感和自信心，使他觉得自己是家庭的正式成员，甚至须臾不可或缺。这是管教真正的坚实基础，否则，管教便依然停留在仰仗外界压力。倘若孩子因行为不当而受罚，那确实会暂时破坏和谐的氛围，但千万不可使孩子产生“我做错了事，所以他们不要我了”的感觉。

管教的本质

管教的内涵当然远不止维持秩序，可以说，它是使孩子朝着令人满意的自控方向逐步成长的过程。大人应该懂得，孩子的道德发展要经历三个主要阶段，而在每个阶段他们都需要大人的帮助。

对大部分人来说，“管教”意味着对孩子丰富、欢乐的生活强加钳制。对“管教”这个词，我们的确需要一个更加符合孩子成长和发展需要的新解释。审视一下相关的几个字，或许有助于更完整地了解“管教”所蕴含的意义。在英文中，“管教”叫做“discipline”，还有一个由同一字根衍生出来的词叫“disciple”，意即热心的拥护者和追随者、共同工作者。由此看来，“管教”的真正含义是致力于培育合作氛围的艺术。

大人的职责是为孩子塑造内在纪律性提供良好的社会环境。如今，我们在努力为孩子提供最佳环境时，都知道孩子需要有同龄的伙伴，以激励自身的发展、学会解决社交问题，同时还能掌握复杂而微妙的社交艺术。过于粗野和极具攻击性的少年，或者过于害羞和极度沉默寡言的孩子，都不能成功地掌握这种社交艺术。

老师想出一种得体的管教方法时，知道如何替生性崇尚攻击的少年设定有效界限，也知道如何化解害羞孩子的胆怯心理。只要孩子缺乏自信的弱点不变，管教就无能为力。另一方面，那些在家中或课堂上无力维持秩序的成年人，和那些不能给胆怯孩子以鼓励的人一样，在维护纪律方面都是不称职的。管教蕴含着一种又微妙又灵活的平衡，不仅要力避放任自流，而且要防止过度控制。

管教的内涵当然远不止维持秩序，可以说，它是使孩子朝着令人满意的自控方向逐步成长的过程。大人应该懂得，孩子的道德发展要经历三个主要阶段，而在每个阶段他们都需要大人的帮助。

幼儿行为的自发性与引导

幼儿的行为具有自发性，缺乏内在力量的引导。无论是未来的圣人还是明天的罪犯，在初到人世时都没有自觉意识。幼儿做事会“由着性子来”，例如，他会触摸能碰得到的一切物体，甚至把它塞到嘴里。过了一段时间，积累的经验使他变得越来越聪明，同时也为他进入第二阶段做好了准备：如果妈妈在屋里，并且正在盯着他，他就有所收敛，于是教育初见成效。之后便进入第三阶段：就算屋里没有人盯着，他也不会去拿垂涎已久的糖果。

沿着这一轨迹，教育逐渐培养着孩子的纪律性。孩子最后终于接受大人对纪律的要求，即使大人不在现场监督，他也会自动做到有规有矩，知道什么事可以做、什么事不能做。发展到这一阶段时，就可以说，孩子形成了一股指引自身行为发展、确立是非善恶观念的内在力量。当然，我们也知道，不少人从未进入这一阶段，只是凭借外在的强制力才得以保证不做错事。

孩子看见诱人的糖果而无动于衷，这是为什么呢？他单独留在房间里，却没有利用这一“天赐良机”，又该如何解释？他的欲望消失了吗？绝对不是。

从心理学角度看，他并非独自一人，因为妈妈和他“在一起”。如果他们之间在感情上联系紧密，那么在这一阶段，妈妈的命令、定下的规矩，就都融入了他的内心。无论他走到哪里，妈妈的这些教导都会如影随形。即使这些教导有时并不干预他去做不该做的事，也会影响他做这件事时得到的乐趣。

我们把这种由外在约束向内在控制转变的过程，看成孩子正常成长过程的一部分，这一过程的确很重要。孩子经常在各方面调整自己，并严格按照周围爱他的人提出的要求，去塑造内在的自我（简称“内我”）。事实上，他与身边人感情上的紧密联系非常重要，否则，管教便成了毫无人情味的禁令。唯有爱才能让孩子将父母的要求如数牢记在心。

停留在较幼稚层次的孩子，只会任由外力来决定自身行为；长此以往，他将要面对不幸的人生。当然，正常而健康的孩子偶尔也会违拗大人的意愿，但总体上看，他们多半还是会遵从而不是执拗。如果孩子发现自己和共同生活的大人没有感情，那么便会在一种双重不利的环境中成长：他不仅失去了爱，缺少被人接受和被人需要的安全感；并且由于年轻和不成熟，他还觉得不应对接近自己的大人怀有对抗情绪和厌恶心理。在这种双重心理的折磨下，他会深感罪恶。这种感觉将成为孩子日后人生旅途的最大障碍，因为能全心全意将爱回馈给百般呵护自己的大人的孩子，才是最幸福的孩子。

孩子当然爱父母（或者那些取代父母位置的人），肯定也强烈希望被父母爱，还希望长大后像他们那样。“喜欢”某人并希望“像”他那样，其潜台词是两人的关系非同一般。如果父母没有爱心，即便能对孩子横加限制，也永远不能“教育”他，因为孩子绝不会以他为榜样。惩罚见效必须具备一定的前提条件，即大人和孩子之间有情感交流。正是因为有了这种联系和交流，顺从和服帖才是水到渠成的事。

教育工作者能从对心理分析的思考过程中获得许多有益观念。其中有一种观念是，人的情感由各种互不相同、或相互冲突或和谐一致的冲动和兴趣组合而成。人的内心会潜藏着欲望、希望和惧怕之情，这些情感难免相互冲突。我们在戏剧中经常能清楚地感觉到：主人公在经历某个戏剧性的冲突时，他性格里的某两种要素会激烈地斗争，令他左右为难。如今我们知道，内心的挣扎不仅会发生在每个大人身上，也会发生在每个孩子身上。这些力量的排列组合，以及大人在孩子人生中帮他们组合这些力量的方式，将决定年幼的孩子日后是成长为有益于社会的人，还是成长为一个精神病人甚至犯罪分子。

父母的作用

父母（或取代父母位置的人）的作用在于为孩子提供种种标准，让孩子能根据这些标准塑造“社会的自己”（即“本我”）。这种作用像满足孩子的生理需求一样重要。但遗憾的是，相比之下，这种作用太不可捉摸，也太不明显。试图建立这些标准时，父母经常会走进两个误区：其一，对孩子千叮咛、万嘱咐，告诉他们应该做些什么，以至于他们没有机会锻炼自立能力；其二，假如他们面对错误行为带来的结果感到后怕，从而导致没有真正自我决策的余地，那么会继续完全依赖父母，而无法培养出任何自我引导能力。

另一方面，有些父母可能性格反复无常，不能恪守规定；有些父母可能在童年尝过家长严加管束的滋味，因此决心不在自己的后代身上犯同样错误，结果对孩子听之任之。他们被相反的想法所左右，根本不为孩子制定行为准则，也完全不限制孩子的本能冲动。这类家长在所谓的上流社会中比比皆是，他们没有看到，这种过分纵容反而让孩子无所适从。过于宽松的控制和过于严格的控制都会产生破坏性后果，因为这是孩子不能承受之重，行为准则的概念对他们来说根本就不存在。在这种环境中长大的孩子，今后可能由于存在许多性格缺陷而痛苦不堪。

引导和权威是孩子希望在父母身上看到的东西，没有这两样，孩子就无法生活下去。然而，父母最重要的作用是爱孩子，给他安全感和自信心，使他觉得自己是家庭的正式成员，甚至须臾不可或缺。这是管教真正的坚实基础，否则，管教便依然停留在仰仗外界压力。倘若孩子因行为不当而受罚，那确实会暂时破坏和谐的氛围，但千万不可使孩子产生“我做错了事，所以他们不要我了”的感觉。一个 3 岁大的孩子表面上会说：“别那么瞧不上我，我再也不做那种事还不行吗。”其实他真正想说的是：“不要板起这样一副严肃的面孔。”

大人的赞许对任何孩子非常重要，所以在孩子受罚之后，父母或老师应该尽快和他“冰释前嫌”——千万不要让惩罚留下后遗症，更不能回过头再次责骂或批评孩子。应该让他觉得你还打算和他做朋友，同时也不会再翻旧账。对那些已经失去父母的孩子（无论永久还是短暂失去）尤其如此，因为他们已经失去了部分安全感。所以很重要的是：必须再三强调他的确被那些取代父母位置的人爱着、包容着。

谁能想象对大人强颜欢笑的三、四岁孩子是多么不幸？无论在家还是在幼儿园，他都不能自由地做自己，甚至都不能像其他孩子那样嬉戏、享受一段快乐时光。比如，在学校，他要竭力讨好老师。其他孩子偶尔得到一点赞赏就能过完一天，他们却需要许多大人的溢美之词。之所以有这样的行为表现，是因为他们在家里感受不到爱，更感受不到安全。但是他并未放弃，同时他也希望依靠完美的表现去赢得父母的爱。虽然孩子竭力取悦父母无可厚非，但那的确不应成为他在学校、在家庭中挥之不去的主流想法。

让孩子参与家务

许多家长觉得最好的管教办法之一，就是让孩子在家里多做些每天都要重复的小事。觉得自己有用的孩子会主动培养自重的个性。如前所述，不可或缺的安全感，应该是由于孩子感到被爱、被包容而获得的，同时，“我也能帮忙”的感觉可以增加这种安全感。他们当然愿意帮助别人，大部分孩子很小时就会显露出“我是个有用的人”的迹象。他们喜欢帮忙，已经会走路并且能边走边用双手拿东西的孩子，会不厌其烦地把东西一个个从屋子这边拿到那边。我认识一个 20 个月大的小男孩，他总在早餐后帮妈妈把擦干的杯盘逐一放进橱柜。

让家务活成为孩子日常生活的一部分，这一点十分重要，因为这样做使孩子有机会尽自己的一份绵薄之力。但是有时候，虽然他主动提出帮忙，最终却仍然只能和自己的玩具待在一边！

五六岁的孩子大部分时间生活在“现在”——他的时间感很差。他期待一件令人愉快的事，却不会自己计划。如果别人认为他长大了，邀请他去帮忙，那么他会很骄傲。倘若工作性质特殊，如春季大扫除，或者在箱子里种植新型品种的花草，或者从阁楼上往下搬东西等，他也能勤快而不懈地工作。我发现，我们学到的有关“孩子注意力不长久”的说法全都站不住脚。如果工作充满乐趣，或者孩子有那种因有所作为而产生的甜蜜感，那么他就能全神贯注地工作，而且能维持很长时间。

倘若每天要他从事同样的工作，那么任何一个年幼的孩子最终都会觉艰难而枯燥。有一段时间，建国和美玉喜欢每天早上把牛奶和报纸拿进屋，或者帮忙为箱子里养的花浇水，或者帮忙摆好碗筷、收拾餐桌。然而，如果某一天有别的事对他们来说更重要，他们就会把这些事抛到脑后，有时甚至会因为别人提醒他们该做这些事而闷闷不乐。如果此时父母滔滔不绝地对他们进行一次冗长的职责教育，并一再指出建国做的事很少，只要不拖拉 5 分钟就能做完等等，那么事态就会越来越糟。这完全是由于误解孩子所致。和那些尚未发育成熟的“初生牛犊”一样，孩子根本不介意干活，甚至干脏活、苦活、累活。但是，要想他们一边成长一边又从事长期固定的工作，那就需要动点脑筋了。

无论我们主动干预还是当“撒手掌柜”，孩子的许多态度都会随着他们的成长而逐渐变化。聪明的父母总是将心思放在那些真正需要直接施加影响力的方面，而不是将精力浪费在其他地方。责任心强的父母会在孩子 6 至 12 岁左右的“可塑”期内，培养他们的责任感。父母根本不必为此而操心或烦恼，恰恰相反，我们自己对职责的态度是最重要的。

大人和孩子对道德问题的认知有很大的差距

大人和孩子对道德问题的认知有很大的差距。在这个领域，幼稚的孩子和成熟的大人之间的差距，要比二者在知识能力上的差距更大。但奇怪的是，我们在要求孩子时，往往只意识到知识能力上的差距，很少有人愿意承认双方在整体道德价值上的差距。

我认识一个 3 岁大的孩子。与多数同龄孩子一样，他喜欢洗东西。有一天，他正好洗马铃薯（因为妈妈每天早上都有一盆沾满泥巴的马铃薯让他洗，并且为此而自豪，觉得这是在教育孩子认识日常责任的意义）。他用力洗马铃薯时对另一个孩子说了这样一句话，被妈妈听见了，“看，我把这盆水洗得很脏吧。”在妈妈看来，他每天都出色地完成了这项虽然很脏但却有意义的工作，但对他来说，这项工作的意义却不是把马铃薯洗干净，而是把水弄脏。这种玩泥巴、洗脏水的情绪宣泄方式很受孩子的青睐。不过，并非所有大人和孩子之间的误解都如此微不足道。

据伦敦汉姆斯塔幼儿园的最新报道，安娜·弗洛伊德说：“由于经常对孩子的天性产生误解，人们总是想当然地认为孩子在看到毁坏性、攻击性的景象时会伤心。……其实，孩子会欢快地在炸毁的地方、炸弹的弹坑周围玩耍，会玩耍炸坏的家具和碗片，会在墙壁倒塌后相互抛掷碎块以嬉戏。做这些事情时，大人不可能教育他们‘不要搞破坏’就能制止。在人生的头几年，他们需要控制自己内心的欲望，即想将让自己嫉妒的人、烦扰他们的人、让他们失望的人以及在某些方面侵犯他们幼稚情感的人除掉。逆自己的欲望行事，这对他们来说一定十分困难，更何况每天在他们周围总有人死亡或受伤。”

在我们的社会上，每个有所作为者都必须有稳定的工作表现。一个人很有能力，但却缺少有规律的工作习惯，那也只能碌碌无为。尤其是这种均衡的规律感对脑力工作者异常重要。如果父母努力把这种规律性过早地硬套在孩子身上，却不顾年幼的孩子尚未做好准备，结果必然会拔苗助长，给孩子造成伤害。按这样的逻辑，是不是应当说婴儿吃东西时要以牛排为主，因为他长大成人后必须吃这种食物？

孩子很小时就非常重视由于出色完成工作而获得的满足感，并为自己是个有用之人而欣慰。无论在厨房里还是在花园中，他都喜欢大人的加入，需要大人陪伴和分担工作。但是，交给孩子做的事不应该太容易，以至于对他丝毫不构成挑战。孩子之所以乐于“努力”工作，是因为他觉得这是朝长大成人的目标迈进。假如要求他做那些“小儿科”的事，他就失去了这种满足感。大人能持续做一件枯燥而机械的工作，是因为他始终能心怀目标来驱策自己。但孩子生活在“现在”，即便做分内的事情，他也需要感觉到自己的强壮、聪明和伟大之处。

假如你 5 岁大的孩子愿意帮你收拾餐桌，那也应该让他帮忙点蜡烛、鸣锣或端菜。给孩子找些有趣的事情做，这对大人来说也许有些为难。但若分配给他的任务太简单，让他觉得完成任务简直是“小菜一碟”，那么就算这项任务有意义，他也不能抱着一种积极热情的态度去完成。而恰恰极为重要的是，要在孩子成长的早期帮他们树立面对工作的积极态度。能经常充分体验到价值感的孩子，能经常在一件艰巨工作完成后享受满足感和甜蜜感的孩子，相对那些在“你必须去做”的高压下不得不去完成工作的孩子而言，发育得要更为健全，前者已经为学生生涯的来临做好了准备。

孩童对情境的“真实性”非常敏感。如果家里有佣人，孩子通常不喜欢佣人将自己以及家庭其他成员应做的事统统包办下来。不少家长认为孩子不应当有这种心理，对此我深表赞同，但事实上，要让孩子不那样想几乎不可能。希望孩子具备自力更生能力的家长，必须亲自充当孩子游戏中的玩伴，对此别无选择。既然家长能够教育孩子，想必也能像平常人那样与孩子为伍。如果我们要孩子这样那样，自己却不身体力行，那么教育肯定毫无效果甚至会起到反面作用。

经常有人告诫为人父母的成年人，说如果他们在孩子面前为人处世时表现得像模范，那么教育出来的孩子就差不了。倘若真是这样的情况，那么可以推断：在人际关系中不负责任但表现得无懈可击的家长，以及没有足够能力面对生活却善于伪装的人，都是完美无缺的家长。我几乎想不出比这更有害的“忠告”。在其他事情上，我们也许都能成功地在人前摆出一副假态，而把真面目隐藏起来。但在与孩子相处时，这样做却行不通。给孩子的道德教育应当与我们内心的真诚相符，况且，孩子总能看穿大人的伪装。

在孩子身上存在两种力量的冲突：一方面，他要受原始欲望的驱使；另一方面，他要赢得我们的爱，并渴望长大成人。解决这种冲突，重要的是他不仅要去爱而且要尊敬身边的人。他需要我们在这场冲突中担任他的盟友。他需要我们的帮助，并且感受我们真切的爱。他需要父母为他订立标准，然后真诚而严格地执行这些标准。通过与诚挚的父母建立和谐的关系，孩子得到了熏陶，变得真正有纪律，没有其他方式可以取代这种锻炼。

（北美蒙台梭利教师　莉莉·蓓乐）

服从的三个层次

意志和服从是一对孪生兄弟，因为意志是建立秩序的前提，而服从是以此为基础的一个更高阶段。

塑造孩子的内心世界是创造者的工作，这个创造者比老师、妈妈、爸爸等称谓都要崇高得多。尽管如此，孩子仍然要受他们的好恶和控制支配。老师有时候用藤条强迫学生接受命令，而且不久前，在某个“高度文明”的国家，老师在集体面向公众的抗议时竟然这样说：“假如你们要我们放弃藤条，那么我们就没办法试着再去教育孩子了。”甚至在《圣经》中所罗门王的箴言中也有一段话说，父母不用藤条是不对的，因为这样等于把孩子送进地狱！管教由此要靠威胁和恐吓来实现。结果呢？我们最后便会得出这样的结论：不听话的孩子坏透了，服从的孩子真好。在这里，我们犯了一个常识性的错误，即假定要想某个人服从别人的意志，或者说接受和听从另一个人的指示，必须先在意志上被对方击垮。若将这种理论运用到知识的传授上，就是说，必须先要毁坏一个人的心智，然后才能向他们传授知识。不过，当人已经完全拥有自己的内在力量，并且可以自由选择是否服从他人的命令时，情况就完全不同了。这时的服从是効忠的一种内在表现，对权威的一种确认，而换取孩子服从态度的大人，也会倍感欣慰和满足。

服从需从内心培养

意志和服从是一对孪生兄弟，因为意志是建立秩序的前提，而服从是以此为基础的一个更高阶段。“服从”这个字眼的现在含义，比人们平常赋予它的含义更高，它清楚地表达出一种个人意志的升华。

事实上，承认服从是一种人生的自然现象并不难，因为那是正常人的特质。在孩子身上，我们可以看到服从意识的发展。它自然地表现出来，并且在一个漫长的成熟过程中逐渐展露。

的确，倘若人的灵魂并不拥有这种特质，如果人经由某种形式的演变过程却从未获得这种服从能力，社会生活也就不可能正常运转。随便审视一下现今发生的世事，就足以看出人们是多么服从，这种服从是人类如此轻易卷入毁灭境地的真正原因。但那是一种毫无节制的服从，一种把整个国家引向毁灭处境的服从。世上并不缺服从，服从应当是一种从内心迸发出的自然现象，很容易为人所了解。遗憾的是，我们缺的是对服从的节制和约束。

从帮孩子设计正常成长的生活环境的过程中，能清楚地看出：服从意识是人类最突出的特质之一。

我们发现，正如孩子个性中的其他方面一样，服从是一种需要在孩子内心培养的品质。起初，它纯粹由生命的本能冲动左右，之后进入意识层面，然后它继续按阶段渐次发展，直到能接受意志的支配。

不妨试着描述服从对于一个人的真正含意：老师和家长告诉孩子做什么，孩子则以执行命令作为回应。可是如果研究这种服从的自然表现，我们发现它分三个阶段或层次逐渐发展。在第一个层次上，孩子有时服从，有时不服从，这也许给人以反复无常的印象，但那是由于不了解服从的深层次含义。

服从和我们平常所说的“好心”不是一回事。相反，在孩子人生的头几年，其行动是只受冲动左右的。这个阶段大约持续到孩子满 1 岁的时候，这谁都明白。在 1 岁到 6 岁之间，冲动情绪变得不那么显著，孩子开始慢慢学会自我控制。在这段时间，孩子的服从意识与其具备的自控能力相互对应且密切相关。人若想按照别人的指令行事，首先必须具备一定的成熟度和做这件事的必备技能。因此，是否服从要看个人能力而定。让一个人用鼻子走路是荒谬的事，因为从生理结构上讲不可能做到；让一个文盲提笔写信也同样荒谬。基于此，我们首先要清楚的是，从孩子已经到达的发展阶段看，要求他服从是否切合实际。

孩子 3 岁前不容易做到服从，除非他接受的指令与其内心的某种强烈欲望相吻合。这是因为他的生理和心理都没有准备好，他还在忙于无意识地培养自身个性所需的身体机能，同时也没有达到生理功能稳定行使、灵活运用、可满足内心愿望以及有意识接受他人指挥的地步。只有孩子能自如地控制身体各部位的正常运转，我们才能说他进入了一个新的发展阶段。

从生理本能和正常逻辑（还可能根据多年来陪伴孩子的经验）看，大人们认为，当孩子处在这个年龄段时，必须想方设法阻止他们做那些不该做的事（尽管在方法和手段上多少有些粗暴）。然而，当孩子正在塑造独立的个性时，打击他们的心理最具有伤害性。如果孩子还不具备相当的自控能力，甚至还无法服从自己的意志，那么让他听从另一个人的指令根本谈不上。这就是孩子有时候听话乖巧、有时候却固执叛逆以至结果不尽如人意的真正原因。也并不是只有幼小的孩子才会这样。有时候，一个初学音乐的人能在头一天弹奏出优美的乐曲，第二天应邀再次弹奏时却让人大跌眼镜。他并非缺乏弹奏的意愿，而是还不具备成名艺术家所拥有的那种炉火纯青的驾驭能力。

综上所述，我们所说的第一层次的服从，是指孩子能够服从但却不能稳定保持下去的阶段。在这一时期，服从和不服从似乎总是结合在一起。

在第二个层次，孩子随时都能服从。或者说，在不出现任何由于失控而产生的障碍时，孩子的服从意识就进入了这个层次。此时，孩子的自控能力稳固而坚实，能自由左右自身的意愿，也能顺从他人的意愿来引导。这是孩子在培养服从意识过程中前进的一大步。像具备语言翻译能力那样，孩子能够领悟另一个人的愿望，然后用自己的行为实现这些愿望。这是现代教育希望孩子能达到的最高服从方式。

不过，当孩子能够按照自身的个性特点来服从时，便会进入一个比第二层次更深入的层次，这便走出了我们的预期。此时，他开始进入服从的第三个层次。

孩子的服从转入一个他能感觉到的新境界，这种感觉似乎让孩子按捺不住欣喜之情。随之而来的是一种全新的热情，使孩子变得心急，迫不及待地想服从。服从能力是意志升华的最后阶段，而意志升华的结果又反过来使服从成为可能。孩子能进入的层次如此之高，甚至到了对老师言听计从的程度。因此，老师必须谨小慎微，不为了个人私利而利用孩子如此无私的奉献精神。同时，老师还应当清楚地了解领导者应具备的特质，好领导未必威风八面，但必须有强烈的责任感。

（玛利亚・蒙台梭利）

包办孩子意志的成人观

正常儿童同样会受到感官的刺激，但并不仅仅限于此。他们还会运用思考能力指导自身行动。时间久了，他们将学会将注意力集中在某个物体上。

大人喜欢帮孩子做事，而且事事包办代替。另外，大人也经常有意无意地把自身意志强加到孩子身上，从而掩盖了孩子的意志。这时，孩子的行动已经丧失了自主性，变成了大人观念衍生出的替代品。

童年时代的孩子开始变得有意识，而且开始富有想象和思考能力时，特别容易受到“类催眠暗示”的影响。在这一阶段，大人能够潜入孩子的内心，驱使孩子的意志和行为。

我们在学校发现，如果动作过于夸张地教孩子做某件事，他们的独立思考和自我判断能力便会受到压抑。可以这样说：孩子的举动本来应该受其内心想法的指挥，但现在他们的行动和想法却相互分离，因为存在一个不属于他们内心但力量却比他们的内心力量更强大的“自我”，取代了这种孩子的“本我”，并指挥他们去行动。这种外在力量非常强大，足以战胜他们本身柔弱的行动力。一般来说，大人的这些行为是无意识的。然而，通过“类催眠暗示”，大人确实能支配孩子。或许我们并不希望这样，也可能不知道自己在做什么，甚至没有察觉到此类行为产生的影响力，但它们对孩子的影响却是实实在在存在的。

我亲身经历过的几个例子值得大家探讨。有一次，我看到一个两岁半左右的小男孩把一双脏鞋放在洁白的床单上。我毫不犹豫地走过去拿起鞋子，放在房间的角落，嘴里说："它们很脏了。"随后我把床单揭起来用力抖一抖，作出清理的样子。其实，之前床单上根本没放什么东西。

还有一个例子是这样的。有一天，一个年轻的妈妈收到一个包裹。她高兴地打开包裹，发现里面是一条丝质手帕和一个喇叭。她把手帕递给女儿，拿起喇叭放到嘴边吹起来。小女孩高兴地叫道："音乐！"之后有段时间，每当这个小女孩摸到一块布，都会笑逐颜开地高喊："音乐！"

如果孩子正在做某件事时遭到大人制止，而大人又对孩子的反应视而不见，那么这种做法将对孩子今后的行为产生长期影响。受过高等教育、懂得自我控制的大人，尤其是受过专门培训的保姆，最喜欢制止孩子的行为。这里有一个有趣的例子。一个大约 4 岁大的小女孩和祖母在乡间的花园玩耍。偌大的花园里只有她们两个人。小女孩本来想打开水龙头，看水喷涌而出是什么样子，但当她正准备打开水龙头的那一刻却突然把手缩回去。祖母鼓励她拧开水龙头，可是这位可怜的小女孩却答道："不，保姆不允许我这样做。"祖母试图说服她："我允许不行么？"于是小女孩笑得很开心，并为喷水的情景所陶醉。可是，当她伸手准备拧开水龙头时，又一次将手缩回去。很显然，与身边祖母的诚挚鼓励相比，不在现场的保姆的"禁令"显得更有力量。

这里还有个例子与此类似，主角是一个 7 岁大的男孩。他坐下来的时候，看到远处有个东西很有趣。而当他起身准备朝那个方向走去时，却又坐回原位，好像无法克服犹豫不决的心理。谁是那个限制他行动的"主人"呢？没有人知道，因为连小男孩自己都想不起来！孩子对心理暗示的敏锐感知，可以看成一种内在感受力的外在放大。这种可谓"对号入座"的内在感受，是孩子心理成长的一种推动力。孩子天生就是热心的"观察员"，对大人的一举一动尤其感兴趣，并喜欢模仿大人的言行。单凭这一点，大人就应该承担起一种责任。大人可以成为孩子行动的诱因，或者说大人可以成为一本摊开的书，供孩子学习，然后让孩子把自己的事做好。如果大人愿意承担起适当指导孩子的任务，就应该在目不转睛的孩子面前安静而缓慢地示范，以便孩子能看清每一个动作细节。

如果大人不这样做，却按照自己的习惯快速做动作，那么不但达不到鼓励和教导孩子的目的，而且会不自觉地通过心理暗示的力量，以自身的快节奏行为方式抑制孩子的心灵。

不仅人，甚至能通过感官感觉到的物体，似乎也具有一种独特的吸引力，能对孩子产生强大的暗示影响，像磁铁那样吸引孩子表现出各种行为。李文教授曾拍摄过一部非常有趣的关于心理实验的纪录片，可以说明这个观点。该实验旨在辨别在蒙台梭利学校受教育的智障儿童与正常儿童对相同物体的不同反应。两组儿童的年龄和所处场景都差不多，实验开始前，工作人员在一个房间的桌子上摆上许多不同物品，包括一些我们为儿童专门设计的教具。

纪录片的头几个镜头，是一组儿童走进房间。面对这么多五颜六色的物品，这组儿童充满了好奇，很快便沉醉其中。从他们轻快的动作和活泼的笑容可以看出，面对这么多不同的物品，他们非常快乐。每个小朋友都拿起一样东西把玩。一会儿，他们放下手里的物品，又开始找别的物品玩。他们不断重复这一过程，一件物品玩腻了，就去玩另一件。

镜头开始切换，另一组儿童走进屋子。与前一组不同，他们步伐缓慢地走进来，并不时停下脚步东张西望。几乎没有人去拿桌上的物品，而是拥挤在一起一动不动。纪录片就在这样的场面中结束了。

现在要问的是：哪一组是智障儿童，哪一组又是正常儿童？其实，那一组精力充沛、轮番换物品玩的孩子是由智障儿童组成的。可是观众看完纪录片留下的印象，却是这一组“智障儿童”比较聪明。这是因为，一般人都认为有朝气、经常露出快乐表情的孩子应当很聪明。

在这部纪录片里，我们看到正常儿童静静地站在一旁，很长时间都凝视着某个物体。他们动作沉着而谨慎，加之善于用心思考，足以证明他们是正常儿童，能给人留下深刻的印象。

李文教授的实验结果与普通人的传统观念相违背。因为在正常环境里，聪明的孩子活泼好动，像纪录片中的智障儿童那样。可是在学校里，正常儿童的表现却与此相反。他们行动缓慢、经常若有所思，但他们的动作却在接受自我的控制和推理的指引。所见所闻的一切同样能够刺激他们的神经，但他们有能力控制所获得的印象，因此能针对事物形成自己的独特看法。这也使得自控能力和独立思考能力更显价值。儿童应当善于支配自身担负运动功能的器官，而不是盲目地随意乱动，这一点非常重要。

正常儿童同样会受到感官的刺激，但并不仅仅限于此。他们还会运用思考能力指导自身行动。时间久了，他们将学会将注意力集中在某个物体上。这种内在力量和外在行为均能集中于单个物体的现象，其实就是儿童内心想法的外在表现。

按照自己的想法移动身体，是十分正常的行为。只有受到自律意识的指引，人才会做出有条理的外在行为。缺乏这种自律意识或内在的纪律性，人便无法控制自身行为。这种人将被他人的意志支配，或者像大海中漂泊不定的船儿那样，身不由己地被外力左右。人身上本能的意志力可以在艰苦的环境中培养，但这个培养过程往往会受到外力的阻挠。倘若果真如此，则表示此人的人格不再健全；如果这种事发生在孩子身上，那么他将失去健康发展的良机。这犹如一个人乘坐热气球，降落在一片沙漠上，结果气球被狂风吹走，只剩下他孤零零地在沙漠中迷失。他既找不到热气球，也找不到任何可以带他离开沙漠的工具。如果一个人从小就不得不和大人刻意施加的影响苦苦争斗，那么他长大后很可能会变成这个“在沙漠中迷失的人”。尽管身体已经发育成熟，他的心智却仍然有缺陷，没有得到适当发展，从而丧失了行为的自主性。即便长大成人，他仍像小时候那样，成为外力压抑的牺牲品。

（玛利亚·蒙台梭利）

留意恰当的管教时机

当孩子被一本书、一个游戏或其他事情吸引、正在全神贯注的时候，大人应尽量避免叫他们。

“我叫孩子过来的时候，他为什么不来？”每个星期，我总有一两次听到苦恼的家长问我此类问题。来自全国各地的此类“申诉”不断，可见各地的家长都对不听话的孩子束手无策。我想，一定是孩子天性中的某个特点或者父母管教方式中的某处失当，导致年幼的孩子拒绝来到父母身边。事实上，每个训练有素的幼教工作者都知道，孩子通常不会放下手头的“要紧”事，跑到叫自己的人面前。有个家长认为，孩子听到大人的召唤时，应当立即来到跟前，不管他正忙于做有趣的事还是专注于好玩的游戏。这个家长理应想到：孩子什么时候应当展示出不受外力支配的独立性？还有一个问题：倘若孩子独立能力增强，开始违拗家长的命令和劝告，究竟是对还是错？

根据我的观察，现在的孩子在听到大人召唤时，不再像以前的孩子那样迅速来到大人面前了。二、三十年前的孩子，不像现在的孩子那样穷于应付各类活动，甚至超出了学习能力的极限。他们不像现在多数孩子那样，受到汽车、电话、收音机、令人兴奋的电影以及其他五花八门的事物影响。

不少父母给我来信，抱怨孩子不听从管教，同时向我咨询解决办法和管教心得。其实，这些家长的童年要比现在的孩子经历的童年简单得多。现在的孩子有太多的知识、信息需要吸收和消化。最重要的是，过去的家长不会时不时叫唤孩子，更没有那么多闲暇时间在孩子身上小题大做。过去的家长要承担所有家务活，因此叫孩子过去的时候，通常就是需要帮忙的时候。这时候孩子知道，一旦家长呼唤，十有八九应当立刻回应，晚了就会出问题。

新时代酝酿新模式

如今，孩子在听到你们的呼唤时，不需要马上跑到你跟前。因为通常情况下，你并不是忙于严肃而必做的正经事。与你的父母相比，你有更多时间陪伴在孩子身边。你的命令和要求中缺少那种强制性的腔调，没有你父母当年对你提出的要求那么紧迫。另外，你过去正在做的事，也没有现在的孩子所做的那么具有吸引力。

你一定能够感觉到，今天的大人已经不像25年前那样，经常将服从作为一个问题提出来。孩子的伙伴同样不会在听到呼唤时放下手中的事情或游戏，风一般地跑到他们父母面前。家里、街上甚至学校中的氛围，都在培育一种独立自主、拒绝权威的特质。当你认为你家的孩子“行为反常”时，应当把这一点考虑进去。他和别人相比并无不寻常之处，因此，当你要求他做不同的事情时，他也在坚持做他自己的事。

问题的心理诱因

如果你正在津津有味地看书，你能转移注意力或留意别人说话吗？如果你正在厨房里忙碌，孩子让你帮忙修他的自行车，你是否会立即放下手头的事跑到他那里？如果你沉迷于一局桥牌游戏，孩子临睡前要你到床边讲个故事，你是否会立刻放下手中的桥牌，到孩子那里去？如果孩子随时准备放下正在做的事，随时回应另一个人的邀请、建议和要求，这对他内在素质的培养有多大帮助？父母一般都希望孩子能培养出一种重要的特质——专注。老师发现学生最常见的毛病是不专注、开小差，容易受形形色色的外在事情干扰。只要有人邀请他们参加游戏、比赛或者去爬山时，他们便立即放下手中该做的事。意志薄弱的人无法做到专注，因为他们对外界的半点风吹草动都会做出反应。这可能是他们无法持续而稳定地掌握任何工作技能的原因之一。

孩子不应当对父母的召唤充耳不闻，但也不必对他人的命令或建议言听计从。遗憾的是，幼小的孩子无法天生区分出监护人、顾问、引导者、管理者和旁观者之间的区别。那么，父母该如何锻炼孩子了解这几种角色之间的区别呢？

命令孩子要简短中肯

当孩子被一本书、一个游戏或其他事情吸引、正在全神贯注的时候，大人应尽量避免叫他们。倘若确有必要，大人应该亲自来到孩子身边，在确定把孩子的注意力从正在做的事情上转移开之后再提出要求。无论何时，大人在必须召唤孩子做事时，都应力避出现孩子由于不得不中止手头的事而倍感扫兴的现象。

此外，叫孩子前来时，孩子要真切地前来，不能开“说了不管用”的先例。一旦他不听召唤而你又原谅他，那么就为日后违抗命令打开了方便之门。如果母亲一天召唤孩子的次数不超过两、三次，同时每次叫孩子都能得到回应，那么在孩子长大成人的过程中，父母在管教方面的阻力就会很小。不过也要把握一条原则——假如孩子正沉浸在游戏或学习中，家长不到万不得已不要呼唤他。我们需要牢记的是，专注是孩子身上值得培养的内在特质，所以在给孩子下命令时一定要掌握好时机和方法。更重要的是，如今的美国社会倡导个体性、独立性和主动性，蔑视柔弱温良和奴颜婢膝。只要你发出命令，就一定要要求孩子不折不扣地执行。当然，不要仅仅为了显示权威或者检验孩子对你是否尊重而发号施令，而应当设身处地地为孩子着想，或者以建立家庭行为规范为出发点。

（欧施亚）

拓展孩子心灵的原则

父母应当为孩子量身定做一个恰当的环境，要为他们营造一个适宜的生活环境和游戏环境，做到了这一点，我们就会看到他乐呵呵地成天忙个不停，看着他自己脱衣服，在自己的小床上躺下睡觉。

对身体的呵护往往有清晰的规律可循，但是照料心灵的规则却有待人类去挖掘。孩子不只需要食物，当他独自做完一件事情时，所获得的成就感会让他欣喜不已。这时候，我们能深切体会到孩子的内心需求。我们必须采取各种方式，使孩子的心灵得到健康发育。现在的多数玩具都不能给孩子的心灵带来启迪和激励，我相信这样的玩具总有一天会从市场上消失。不妨看看过去几年来的改变：儿童玩具变得越来越大，洋娃娃大得和小女孩几乎一样高，而且与洋娃娃配套的一切物品如床、柜子、炉子等，也比过去大了不少。

可是小女孩并没有因此而高兴起来。

假设玩具越做越大，有一天小女孩便会成为洋娃娃的竞争对手，想将洋娃娃的小床和小椅子都据为己有，最终洋娃娃会被她抛弃。如此一来，小女孩便会“鸠占鹊巢”，高兴地使用那些原本让洋娃娃用的东西。然而，这些有用的东西却会带给她一种全新的、真实的生活，而只有在这种真实而不虚幻的生活中，她才能感到快乐，才会健康成长。

父母应当为孩子量身定做一个恰当的环境，例如，一个由他专用的小洗手池、几张儿童椅、一个他能拉开柜门并且带有抽屉的小柜子、一些他能用得了的常用物品、一张小床和一块惹人喜爱的毛毯（孩子能自己折起和摊开，以便钻进毯子睡觉）。要为他们营造一个适宜的生活环境和游戏环境，做到了这一点，我们就会看到他乐呵呵地成天忙个不停，看着他自己脱衣服，在自己的小床上躺下睡觉；看着他轻轻擦去家具上的灰尘，把东西收拾得井井有条；看着他主动要求自己穿衣服并且注意饮食。孩子不再胡搅蛮缠、调皮捣蛋，反而表现得既柔顺、又亲切、听话。

新的教育方法要求家长为孩子准备一个适于发展的宽松环境，并且大体承认孩子天生就爱劳动、守规矩。家长要善于观察孩子在心理成熟时有哪些迫切的需求，这是呵护孩子心灵的重要方式。的确，孩子心灵的发育最为重要，这也是进行新教育的基础。

下面我借此机会列出几条原则，以帮助父母创造出教育孩子的最佳方法。

1. 尊重孩子表现出的合理行为，并且试着去了解这些行为。这一点至关重要。

2. 尽可能地满足孩子的动手欲望，引导他独立锻炼动手能力，而不是处处帮忙、事事包办。

3. 注意加强与孩子的关系，因为他们比大人想象得更敏感，且更易受到外界因素的影响。

（玛利亚 · 蒙台梭利）

PART 2

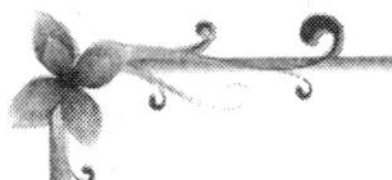

赏与罚的原则

把大人的意愿强加在孩子身上是无济于事的。惩罚再多，也不会带来长期的服从。如今的孩子为维护自身的“利益”，愿意接受各种严重程度的惩罚。从大人的角度看，迷惑不解的父母总是错误地希望惩罚始终有效，却认识不到他们采取的方法其实根本行不通。从惩罚中大人充其量只能获得短暂的效果。

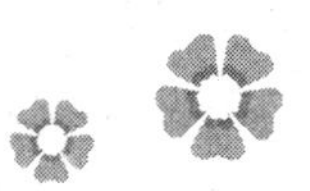

奖赏与惩罚

我敦促老师立即停止那些不适于孩子的奖励和惩罚，并要求他们以身作则，引导孩子将注意力集中在正在做的事情上。

一个新生儿诞生了，他在精神上绝不像人们通常想象的那样无助且无力。一种崭新而庄重的尊严感将随着婴儿心灵的自由油然而生。从此，孩子会对自己拥有的东西兴致勃勃，也会对那些曾经吸引他的外在诱惑保持沉默。我曾像其他人一样，相信教育者有必要借助一些物质奖励来激发孩子，认为应当先激励幼儿基本的情感需求，如食欲、虚荣或自爱，以便培养他的劳动态度与和平理念。后来我惊讶地发现，有些孩子根本不理会这些低层次的赏罚刺激，仍然保持着端正的品行。于是，我敦促老师立即停止那些不适于孩子的奖励和惩罚，并要求他们以身作则，引导孩子将注意力集中在正在做的事情上。

然而，世上没有什么事比要求老师或家长放弃旧习惯和传统偏见更加困难。

有个老师对我的教育理念很感兴趣。趁我不在场，她准备在蒙氏教室中部分运用（或者说试验）自己的教学方法。有一天，我不打招呼地到她所在教室巡视，看见她班里最聪明的那个孩子胸前戴着一枚硕大的银质十字架，而另一个孩子被要求坐在教室中间的一张椅子上。

一个孩子受到奖赏，另一个孩子却遭受处罚，我静静地注视着。戴十字架的孩子从自己的小桌上拿东西到老师的讲桌上，不停地来回走动，十分忙碌并且神情专注。他多次经过坐在椅子上的那个受罚男孩的面前。一次，十字架恰巧掉在地上，受罚的男孩捡起它仔细打量，然后对这个男孩说："你知道你掉了什么吗？”后者转过头，满不在乎地看看这枚十字架，表情似乎在说：“别打扰我，忙着呢。”随后他开口说：“这东西对我有什么用？”受罚的男孩平静地问：“对你没用？”接着他说：“如果是那样，我把它戴上好了。”对方回答：“好啊，好啊，你戴上它吧！”从语调中听出，他的意思似乎是：“谁在乎那玩意儿！只要别烦我就行。”椅子里的男孩缓慢而小心地把十字架挂在胸前，仔细凝视片刻，然后伸开双臂，惬意地坐到椅子上。奖赏总能让受罚的孩子得到满足，专心致志的孩子却对此不在乎：他的满足感来自于工作。

有一天，我带一位女士探访附近的一所儿童之家。她一边称赞着孩子，一边当着我的面打开一个小盒子，并从中取出几枚小小的铜质奖章。这些用红缎带系在一起的奖章闪闪发光。她说：“老师会把这些奖章挂在最懂事、最聪明灵巧的孩子胸前。”由于当时我无权要求这位女士采用我的教育方法，于是便默不作声。这时候，老师走过来拿起盒子，正在此时，坐在第一张桌子旁边的一个4岁男孩皱起眉头表示抗议，并且反复地大声说：“不要给男孩！不要给男孩！”

这样的场景多么引人深思！虽然这个小家伙受教育不多，但已经知道自己是教室里反应最敏锐的孩子。他受不了这种奖励方式的侮辱，又不知道应该怎样进行辩护，只好当场指出自己是男孩的事实。

说到惩罚，我们经常发现自己在面对一群爱惹是生非的孩子时，不管怎么训斥、央求或劝说，他们都不会听话。请医生给他们做检查的结果是一切正常，什么毛病也没有。没办法，我们便在教室的角落里放一张小椅子，罚调皮捣蛋的孩子坐在椅子上，把他孤立起来。同伴都能清楚地看见他因受罚坐在那里，而我们则会向他提供他想要的东西。这种隔离方法总能成功地让孩子安静下来，比老师的训斥要有效得多。此时，孩子终于悟出了和他人相处的好处，而且希望像周围的孩子一样有行动自由。通过这种方法，那些最初在我们看来离经叛道的孩子慢慢都学会了自律。多数时候，孤立的孩子是“享受”特殊待遇的对象，似乎生了病或者孤立无援。每次我走进教室，都会先走到这样的孩子身边，并且用对婴儿说话的口吻与他交谈。之后我再面向其他孩子，对他们做的事表现得饶有兴趣，好像他们都是大人一样。我不知道被孤立的孩子发生了哪些心理变化，但他们的转变的确真实且持久。事后，他们都为自己的言行骄傲，并且从心底对老师和我保持一份柔情。

（玛利亚·蒙台梭利）

错误与改正

应当懂得，把大人的意愿强加在孩子身上是无济于事的。惩罚再多，也不会带来长期的服从。如今的孩子为维护自身的“利益”，愿意接受各种严重程度的惩罚。

蒙台梭利很早就从她对孩子的观察中发现：惩罚并不能迫使孩子改正错误。用消极的方法引导出“积极”的言行是行不通的。对行为不端的孩子，应该让他远离平时的伙伴、静静地呆在一旁，或者与老师坐在一起。这种将孩子孤立起来的做法，在蒙台梭利学校里似乎行之有效，可是在家里效果如何呢？

蒙氏教学法中最不为人知但却相当重要的一环，是大人对错误以及改正错误的态度。请注意，这里讨论的内容只与态度和行为的纠正有关。

在传统的管教方式中，对孩子的教育和培养受两条绳索牵引，这两条绳索是奖赏和惩罚。大部分家长认为，批评孩子和责令孩子改正错误是他们的首要任务（幸好他们采取的方式多半都比较温和而且不乏建设性）。他们视错误为洪水猛兽，因此不惜一切代价避免孩子犯错。许多大人还努力将自己裹在严密的保护网之下，战战兢兢、如履薄冰，以免因出错而成为孩子效仿的反面典型。如果不慎犯了错，也必须谨小慎微，绝不向孩子认错，因为他们觉得大人的形象高大、有力，在孩子面前应当始终保持完美。

大人看待错误的态度对孩子的成长影响极深

我们都见过被大人瞧不起的孩子因此变得害羞、沮丧和恐惧。因为孩子事先就判断自己“做不好”，于是“索性不做”，对错误的恐惧感会伤及孩子的心灵。我们必须对孩子加以肯定，从而让孩子觉得自己是家里不可或缺的成员之一。不要让孩子独立久坐，沉迷于电视或游戏，或者将他放在一边，无视他的存在，而是要让他参与家庭生活，无论何时何地（例如，在家中、在户外、在运动时）。大人的这种态度会让孩子得到满足，让他觉得自己很重要。4 岁大的孩子都能自己铺床叠被。如果他达不到你的标准，或者你觉得哪儿不对劲，你可能会走过来说：“天呐！瞧这里有多乱。你都做了些什么？”如果是这样，你就毁了孩子，因为你破坏了他的热情和活力，毁掉了他做好这件事的愿望。下一次，他也许会胆怯地站到一边说：“妈妈，还是你来吧，我不知道怎么做才好。”假如你换一种方式来处理，把你感觉到的不对劲、不满意埋藏在心里，等到下次换床单时说：“要换床单了，来，让我们再来试试吧”，并且再次向孩子示范正确的做法，那么你就掌握了蒙台梭利教学法的精髓。我们坚决反对将孩子的缺点“一棍子打死”，毫不掩饰地指出：“这是错的”或者“你做不好这种事”，而应把他这次的不足记在心里，并且再次作出示范。请记住，无论什么事，别人第一次向我们示范时，我们并非都能立即能掌握要领。应该和颜悦色地面对孩子的错误，允许他通过亲自动手一步步改正，这是蒙氏教学法的基本原则之一。

设定合理的行为界限

另一条重要原则是——大人要为孩子设立合理的行为界限，并且坚持原则。大体来说，孩子都喜欢有人引导，也感激别人示范，只要我们适时地给予鼓励和帮助，他们就能充满活力、生气勃勃。但我们只应营造环境、不失时机地引导，不能事事包办、代替。当我们和孩子友好相处时，我们就成了他们的朋友，有权利说“不”而不必吼叫或生气。我们可以说：“你不能要这个，但是可以要那个。”或者说：“让我们等会儿再来做这件事。”同时，我们必须对同样的事物坚持同一个标准，不能对同一件事今天说“可以”，明天却说“不行”。是的，在不同的场合搞“双重标准”，这一点可以理解，因为我们是人，有自己的情绪，但家庭管教方针最好能和学校的教育相一致，那样孩子才不会生活在两个世界里。如果某一天你对某件事哈哈大笑，觉得有趣极了，另一天孩子做了几乎同样的事，你却莫名其妙地发怒，孩子将会无所适从。孩子的确需要限制，但我们也需要遵守明确的管教原则。

我们给孩子自由，却常常误解自由的真谛。有人说：“蒙台梭利教学法不适合我。在那些教室里，孩子想做什么就做什么，他们给孩子的自由太多”；还有些人说：“我有些看不上蒙氏教学法。在那里，孩子必须遵循事先规定好的一种固定方式，说实话，那太严格了。”其实，这两种看法都不对。我们确实在给孩子自由，这种自由不是没有限度的。比如，孩子在教室里活动的自由包括可以坐、走、躺以及伸展四肢等。我们给孩子选择的自由、时间上的自由，他们能自由选择一种短期或长期的工作任务。我们既让孩子独处，也让他自由地与其他孩子交往。我们给予的这些自由不超出一定限度，而这种限制又是明确而坚定的，譬如孩子绝对不能干扰或伤害他人。孩子在家里的情况也一样。不过，如果你给孩子的限制，是在以你占据优势的统治地位基础上设立的，那么这种判断会被孩子接受，并融入他们的生活中，成为其行为准则的一部分。孩子恪守这些准则，静候并希望有朝一日也成为像你那样拥有特权的大人。要看到，如今我们的整个社会结构都已经变了，孩子已经获得了和大人平等的社会地位，大人不能再有挥之不去的优越感，我们凌驾于孩子之上的权力正在消失。而孩子对这一现实心知肚明，从而拒绝承认大人的优势地位。

应当懂得，把大人的意愿强加在孩子身上是无济于事的。惩罚再多，也不会带来长期的服从。如今的孩子为维护自身的“利益”，愿意接受各种严重程度的惩罚。从大人的角度看，迷惑不解的父母总是错误地希望惩罚始终有效，却认识不到他们采取的方法其实根本行不通。从惩罚中大人充其量只能获得短暂的效果。当同样的惩罚方式不得不再三运用时，此类方式无法奏效的事实便会越发明显。

动辄惩罚只会使孩子的反抗和挑战意识越来越强烈。有些孩子小小年纪便开始走上一条挑战权威、反抗父母的可怕道路。

6 岁的瑞塔整个早上都在吵闹。她拒绝吃早点，被妈妈骂了一顿；她和 4 岁的妹妹打架，妈妈罚她回自己房间思过半个小时；她把花木连根拔起，妈妈大怒并且威胁要揍她屁股；她把邻居家的小猫绑在晾衣绳上，差点儿使猫儿窒息而死，妈妈罚她老老实实地坐在厨房里的一把椅子上；最后，她把午餐喝的牛奶扔在地板上，对此，妈妈把瑞塔拖到自己的房间，狠狠地打了一顿，并且让她中午剩下的时间内都呆在房间，哪里也不许去。1 个小时之后，一切恢复平静，妈妈心想瑞塔可能睡着了，于是便去房间探望。她又惊又怒地发现，卧室窗帘上所有能够得着的地方，都被瑞塔割成了一缕缕的布带。妈妈不知所措地大叫："哦，瑞塔！我该拿你怎么办？"

瑞塔的大胆行为掩盖了她的挫败感和气馁情绪。她的所作所为似乎在说："我不是不好吗？至少我还能向你显示我的存在。"后来，当妈妈一再惩罚瑞塔时，瑞塔终于以极端的行为回击："如果你有权伤害我，我也同样有权伤害你！"一个可怕的反击和报复过程随之愈演愈烈。妈妈越是惩罚，瑞塔就越是反抗，这就是惩罚带来的恶果。令人"遗憾"的是，孩子比大人更容易恢复体力，而且更为坚韧不拔。无论在筹划、技巧和耐力上，他们都不输给自己的父母。结果是父母到达忍耐的极限，发疯般地摇头并且痛苦地呼喊："上帝！我不知道该怎么做！"

肉体上的惩罚或者唯我独尊的想法（如"听我的话，否则便怎样怎样"），需要用一种互敬和协作的意识来取代。虽然孩子不再处于弱势地位，但他们既没有受过训练也没有经验，因此，仍然需要我们的管理和领导。优秀的领导者能够感化和激励身边的追随者去做合时宜的、得体的事情，家长也应当如此。假如孩子知道我们尊重他们，以平等的态度对待他们，让他们有平等的权利自主决定做什么，那么，他们便愿意接受我们的领导。用力打孩子是对其人格尊严的极大侮辱，而妈妈的尊严也在打完孩子之后（尤其是她事后如果感到内疚）荡然无存。应该看到，孩子的挑衅行为有时候是其所追求目的的一部分，他们要通过挑衅来证明自己"坏"，或者将我们卷入一场权力之争，或者想对过去的"不公"作出回击以求"平冤昭雪"。此时家长如果惩罚他，便恰巧与他的想法不谋而合，不自觉地落入他精心布置的“陷阱”。

身为父母，我们要学会采取更为有效的方法，激发孩子的内在渴望，使他能主动满足指令中包含的各种要求。我们要营造一种彼此尊重、互相包容的氛围，并且让孩子有机会学习与人和睦相处的艺术。在做这一切时，用不着炫耀权力，因为权力会导致反叛，同时也与教育孩子的初衷格格不入。

然而，如果我们打起精神、尝试以疏导法来教育孩子时发现自己仍被激怒，以至于仍然要惩罚或责骂孩子，那么我们应当老老实实地承认：此时的我们是在宣泄挫败情绪，从而揭开“为了孩子好才惩罚他们”的谎言。事实上，世上没有人能十全十美，多数时候，我们的行为表现证明我们只是普通人，而不是教育家。最好的办法就是对自己的脆弱心理一笑了之，然后继续朝着更富有建设性的目标努力。

妈妈给 8 岁的比尔 1 块钱，让他去买面包，于是比尔走进超市。在超市外面再次相遇时，妈妈让比尔拿出找回的零钱。比尔大怒：“你怎么能找我要那些零钱呢？”妈妈问：“怎么啦比尔？我需要那些钱。”小男孩愤怒地将找回的零钱统统倒到妈妈手上，快速地高声说：“我真不明白，我明明帮了你的忙，不是吗？”妈妈困惑地注视着比尔，说：“是的，你的确帮了我的忙，儿子。”他们走向汽车时，比尔身体的每一根线条都流露出愤恨。

假如某个孩子必须受奖或受罚，那表示他还缺少自我引导能力，需要大人的帮助。可是，假如孩子的所作所为处在内在动机的控制和支配之下，那么大人附加的奖励和处罚就显得多余甚至有害，它们只会剥夺孩子心灵的自由。

（玛格丽特 · 华塔克）

吸收性心灵的本质

其实，孩子并不需要大人以礼物来换取他们听话，而是真心想让大人满意。孩子之所以表现出良好的行为，是因为他渴望归属、愿意为团体出力、乐意和人合作。

为好行为而奖励孩子，就像为不端行为而惩罚他们一样，会影响他们对事物的看法。两者都缺少对孩子的尊重。在彼此尊重的平等关系中，完成一项任务是因为它必须完成，完成任务的满足感来自两个人精诚合作、和谐一致，不像比尔和他妈妈那样。不过，比尔对自己的行为有益于家庭这一事实毫无意识，相反，他把注意力集中在自己身上。当他“这对我有什么好处”的想法遇到“什么也没有”的回应时，便表现出愤怒和不满。这是多么令人震惊！比尔对事物的看法非常狭隘，有局限性。内心的社会责任感被他的这一错误想法扼杀了，他以为只有索取才能为自换争来应有的位置，只有当做好事得到某种回报时，他才会有归属感，才会感到心理平衡。为什么要孩子把干家务活当成有酬劳动呢？他们住在家里，衣食由家人提供，享有每位家庭成员都有的特权。倘若他们确如自诩的那样与其他家庭成员地位平等，那么对于担负劳动任务就责无旁贷。但由于大人对孩子“悬赏”，孩子便认定只有得到了好处才值得去做事。在这种情况下，他们不可能培养出责任感。过于强调“对我有什么好处”的结果，是我们不得不用尽各种奖励手段，但可悲的是，任何奖赏都欲壑难填。

孩子应该分担和分享家里的一切悲喜、一切杂务。他们也应该有自己的一份钱花，大人通常会给他们零花钱。以这样的方式分享金钱，他们理应以自己喜欢的方式去花费。干家务和用零花钱之间不应有任何联系。孩子做家务，是因为他们应该对家庭成员的幸福贡献绵薄之力；孩子得到零用钱，是因为他们理应分享家庭福利。

有个母亲把两个小女孩留在停车场的汽车里，以便能从容地买点东西。她一跨出车门，两个孩子就开始哭。“好乖乖，妈妈会给你们买个玩具。”妈妈说。3岁大的女儿问：“哪种玩具？”“哦，这可不好说，反正给你们买玩具就是了。”妈妈一边匆忙地回答，一边赶紧离开。

这位母亲企图通过物质奖励来赢取孩子的合作。其实，孩子并不需要大人以礼物来换取他们听话，而是真心想让大人满意。孩子之所以表现出良好的行为，是因为他渴望归属、愿意为团体出力、乐意和人合作。当我们为让孩子行为检点而贿赂他们时，其实是在传递“我们不信任你”之类的信息，而这种不信任足以令孩子心灰意冷。

奖赏不能使孩子拥有归属感。一次奖赏可能代表着家长当时的赞许之情，可是在其他时候怎么样呢？妈妈和爸爸仍然赞许孩子吗？还是需要另一种奖励激励孩子？假如我们拒绝给孩子某个特别的奖赏，孩子会解读为自己的努力没有得到回报。如果孩子对“这对我有什么好处？”这个问题没有得到答案，从而拒绝合作，那么家长就必须面对一个严峻的现实：除非他认为奖赏已经足够，否则他不会与你合作。如果得不到任何特别的回报，他凭什么要不厌其烦地去做该做的事？就这样，功利主义心态如雨后春笋般滋长，而贪得无厌的胃口根本没有满足的时候。于是，一种完全错误的价值观由此确立，孩子总认为一切东西都是这个世界欠他的。16岁的青少年就有这种感觉，在他看来，遵守高速公路交通规则以保障生命安全的简单常识，在他的价值观念里根本没有立足之地。他就喜欢在开车时铤而走险、横冲直撞，以示对规则的挑战。凭什么要注意遵守高速公路交通规则？有什么奖赏？汽车是他的私有财产，公路飙车能体验兴奋和刺激的感觉，能炫耀自己是多么厉害，而且在为所欲为之后仍然能成功逃脱处罚，这些可比遵守交通规则有趣多了。再说了，就算不小心被抓，那点小小的处罚措施又算得了什么？总之，追求刺激的挑战是值得的，反正家长能把事情摆平。

这就是赏与罚造成的最终结果。“他们还没有奖赏我，所以我要惩罚他们。如果他们惩罚我，我就回击他们，让他们好看！”

满足感源于积极参与并做出贡献。大人以物质奖励来博取合作的错误努力，实际上使孩子丧失了享有寻常满足感的机会。

（玛利亚·蒙台梭利）

让兄弟姐妹相亲相爱

我们不能用“一刀切”的做法对待每个孩子。家长往往热衷于向每个孩子提供同样的机会。有些孩子抢占了先机，并且看似毫不费力就能顺利通过种种人生挑战，而其他孩子似乎在很小时就给人以有缺陷、不完美的感觉，而恰恰是这些孩子需要多加鼓励。

一提到“手足相争”，所有人在脑海里都会回忆起类似的景象：大清早的刺耳尖叫声、为争一个玩具而哭闹和扭打以及“先轮到我”之类宣战般的话语。作为父母，我们真希望能挥舞起一把神奇的魔棒，使这一切都从眼前消失。我们从现实中清楚地认识到，兄弟姐妹必须学会分享父母的爱、分享家庭的共有财产，只有这样，冲突才能降至最低限度，同时也才能使家庭生活幸福和谐。兄弟姐妹的敌对态度植根于孩子对外在事物的占有欲。当其中一个人感到自己的那一份没有或不够时，便会和其他兄弟姐妹争夺。这时，大人必须通过真正的转变来化解矛盾，让孩子消除来自他人的威胁感。

蒙台梭利知道，纠正孩子不端行为的最佳方法是释放他们的内在活力。她写道：“内在的活力一旦获得释放，便会随之产生一种新的尊严感。当孩子专注于自我征服时，本来对他极具吸引力、甚至由于不去占有而会产生嫉妒心理的各种外界诱惑，现在都变得微不足道。面对这些诱惑，他们竟然也能无动于衷。”这段话蕴含着深刻的道理。假如孩子成功地做好了自己想做的事，周围的一切便都是和平和美好的，此时，他便能和兄弟姐妹和谐相处。

这里所说的孩子的“自我征服”，其实并不那么容易察觉出来。蒙氏提出，我们应首先确认孩子有哪些需要，从中找出与父母生活紧密相连的核心内容。例如，孩子要成为家庭的正式成员之一，要去做有目的的事，喜欢成为万众瞩目的焦点，能对大人为他们安排的各项活动发表评论等。最重要的是，他们希望扮演一个有价值的角色。对孩子来说，“有价值”就是完全参与家庭生活。

让孩子与父母建立一种直接合作关系

要想实现这种参与，必须有一位既有时间又有主动性的家长，为孩子们制定某项计划，以便所有兄弟姐妹都能以一种比较完整的方式加入家庭“俱乐部”，从而让冲突和嫉妒降到最低限度。在这里，父母对工作的理解和参与是关键环节。不少家庭的教育困惑可能源于一种主观意识，即想当然地认为6岁以下的儿童应当能和睦地一起做事和做游戏。这种既快乐又幸福的协作场景受到某些人的万分青睐，以至于他们总想过早地将团队合作精神强加到孩子身上。“现在大家一起做”，这种话肯定有害，因为孩子在生理和心理上都没有做好准备。给孩子下达一个“一起玩”的指令，并不代表孩子就懂得如何分享快乐。要想让孩子学会分享和奉献，首先必须在他和父母之间建立一种直接合作关系。

孩子喜欢帮助大人。孩子小时候就能找到和其他孩子和平共处的方式，那就是井水不犯河水、各做各的事。眼光敏锐的父母会发现，日常的许多活动都能培养孩子的合作精神和做事能力，并且能够达到一个相当的水平。当活动超过一种、孩子也不止一个时，父母应该在一侧观察和引导，避免孩子相互冲突，而不是指手画脚、横加干涉。年幼的孩子本能地希望拥有个性空间，并且喜欢在“保护区”里工作。例如，汤姆在洗碗，玛丽削胡萝卜皮，每个人都在特定位置做着特定的事。大人不要硬性比较，因为每个孩子做的事不一样，对他们的意义也各不相同，没有可比性。孩子在全力以赴做好自己的事情之后，能获得极大的满足。大人最好的赞美就是公正地让他们相信自己干得很棒，“这根胡萝卜削得很干净，一点泥巴也没有。”“这个盘子油光锃亮，你擦得很好。”孩子取得的种种成就需要受到大人的肯定。他们讨厌比较，也不喜欢批评，那样会抑制他们的兴趣。父母第一次参与孩子的活动时，孩子就形成了自我印象，这也为孩子今后和其他孩子（不论是兄弟姐妹还是好朋友）交往打下了基础。

经常会出现这种情况，即便在有大人监督和指导的工作环境中，孩子之间似乎仍然可能产生矛盾。假如汤姆和玛丽都要用搅拌机，那怎么办呢？轮流使用是一种社交技巧，但未必符合孩子的习性。倘若两个孩子在同一时间想要同一样物品，笼统的命令恐怕也无法阻止可能爆发的不理智争斗。对较大一些的孩子，用“轮流使用”的方法或许容易化解纷争。“从 1 到 10 中选一个号码”或者“抽到最长纸条的人怎样怎样”，这些都能化解 10 岁左右孩子当前的争执。但是年幼的孩子看不出这种机会有什么公正性，如果他们由于输了而要求再来一次，心态便会完全失衡。更何况，“轮流使用”的方法必须预先认真做好计划，只有这样，这种方法才可能是一种有效的调解方式，而不是“看着办”的权宜之计。

或许可以做一张周表，将每天的活动安排好。比如，用一些符号代表不同含义，使学龄前儿童能够辨认和理解：星期六洗衣服，星期天到教堂做弥撒，等等。将周值班表贴在冰箱的门上，清晰地显示出汤姆哪天该削胡萝卜皮，哪天轮到玛丽做同样的事。如此一来，他们便会产生一种真实而直观的公平感，因为每个人的值班任务都与明确的时间点相连。在厨房里装上定时器也能达到同样目的，因为它提供了一个合理的前提，即什么时候值班是由时钟的运动规律来控制的，不是由于大人的偏心。

然而，在很多时候，并不是家长单方面妥善处理便能解决公平问题。不同的孩子有不同的需求和认知能力，需要大人以不同的方式去接触，而这些不同的接触方式不一定会让兄弟姐妹觉得公平。蒙氏在她 1939 年的著作《从儿童时代到青春期》中曾谈到分配的公平和真实的公平。她认为，家庭和学校这两种环境里的平等，通常可称为分配的公平，也就是说，在惩罚和奖赏的分配上人人平等。对某个人的特殊待遇会构成一种不公平，这就需要引入法律权利的概念。在这种公平概念里，存在对个人主义和孤立主义的肯定。因此，这一概念不利于孩子内在素质的培养。另一方面，真正的公平（虽然并非从这个意义上来考虑），来源于明确地满足人的内在个性需要，同时兼顾别人的需求。分配的公平和个人权利之类的原则纯粹是外在的，和与生俱来的公平格格不入。换句话说，真正的公平需要视个体需要而定。

切勿“一刀切”

我们不能用“一刀切”的做法对待每个孩子。家长往往热衷于向每个孩子提供同样的机会。有些孩子抢占了先机，并且看似毫不费力就能顺利通过种种人生挑战，而其他孩子似乎在很小时就给人以有缺陷、不完美的感觉，而恰恰是这些孩子需要多加鼓励。家长应当把这一点向孩子们说清楚：“汤姆眼下需要更多关注，因为他正处在困难期。”当汤姆宠爱有加地坐在母亲腿上时，会引发玛丽的排斥情绪。其实，这种符合一个孩子心理需求却引发另一个孩子排斥情绪的两难处境是能够避免的。家长可以亲昵地拍拍玛丽的背说：“我现在正在忙，可我没有忘记你。我仍然很爱你，一会儿再去陪你。”

在很多时候，兄弟姐妹在互有联系的场面中会受到大人忽视，得不到他们作为不同个体所需要的特别关注，竞争的氛围十分浓厚。鉴于此，不时带孩子单独外出是行之有效的一种方法。这种单独相处的经历能让孩子充分地表达自我，同时家长也能亲自作出响应，而不必担心对其他兄弟姐妹产生负面影响。例如，和妈妈共进午餐，和爸爸一同旅游（甚至只是和家长共享一段亲密的时光），这都能使每个孩子产生一种真实的个人肯定感，使其觉得父母在爱自己、接受自己，而这种爱和接受的前提无疑是因为他有独特的优点。

家长还必须保护孩子不被来访者忽略，因为每个孩子都有不同程度的社交外向性。来客往往缺乏“手足之情意识”，他可能只青睐某一个孩子，而且一般是喜欢表现又引人瞩目的孩子：“玛丽，穿这件衣服显得你更漂亮了。”敏感的家长可以暗示客人给另一个孩子同样的好评，比如说：“汤姆穿上他的新西装看起来也很帅。”客人在适度接受家长的暗示后，通常也开始夸另一个孩子。

总希望对每个孩子一碗水端平的家长，结果往往是对所有孩子大发雷霆。没有什么比“一刀切”式的公平更能弄巧成拙了。当妈妈由于担心会引起另一个孩子的敌意，而不能给面前的孩子较大的苹果或亲密的拥抱时，生活便变得令人难以忍受。无论是在情感上还是在物质上，对“一刀切”式公平的追求都会使人厌烦和恼怒。孩子并不渴望平等地分享爱，而是需要获得一份单独而特殊的爱。在这一点上，孩子强调的重点是爱的质量而不是平等。

“手足之情意识”必须直接来源于家长

如果父母经常由于各种工作压力而焦头烂额，或者由于社交活动频繁而筋疲力尽，那么孩子们都不会有受到重视的感觉。这是因为，其实只有父母才能敏锐地感知子女的需要，他们凭直觉就该知道何时应当介入、何时应当退到一边旁观，当然，这往往有赖于父母处处留心。很多时候兄弟姐妹之间互相争斗的原因，仅仅是缺乏大人的关注。实际上，孩子总有一天会长大成熟，在与人的交往中学会互助和互惠，但小时候却不知道这些。大人必须用心处理微妙的手足关系，但不能过早卷入孩子间的纠纷。

往往父母看到局势紧张，便想立即插手缓和。他们追求公平分配，但并没有事先了解真实情况。如果父母没有在现场目睹事态的来龙去脉便妄施惩罚，那真是愚蠢之极。如果兄妹间打架，可以将他们送回各自的房间，让每个人都能“面壁思过”。但是，如果你只盯住某一个孩子（通常是年纪较长者），把他当成加害者来惩罚，那就会让另一个看似受害实则加害的孩子因逃避责任而幸灾乐祸。想激怒孩子并让他承受不公平的误解，那简直太容易了。

要想把儿童时期自然的竞争转化为成年时期的那种创造性友谊，关键是要试着去了解孩子的感觉，搞清楚它们为什么存在、怎样存在；随后，以这种清晰的认识为基础，反思过去曾经有过的憎恨，丢掉心理枷锁，重新发现彼此的真正价值。乔治・桑特雅纳曾说：“那些不能记起过去的人，今后注定还要重蹈覆辙。”此外，那些不能了解过去的人，同样也注定要重蹈覆辙。懂得了这一点，我们也许还能改变未来。

不要总和孩子算“旧账”

我们惩罚孩子的方式，将影响到他们彼此惩罚对方的方式。大人必须学会宽容，并且身体力行地做好榜样，不要老是和孩子“算旧账”。孩子经常会效仿大人的态度。有个父亲曾阻止儿子对妹妹颐指气使，不料儿子却振振有词地反驳说：“凭什么？你不正在对我发号施令么？”最坏的情形是大人“以暴制暴”，即以羞辱的方式来阻止兄弟姐妹之间的无礼顶嘴。大人应当采取的准则是明确的：了解实情，崇尚和平的解决方式；主动倾听孩子之间争斗的来龙去脉，找出妥善解决的办法，哪怕孩子间的争斗看似微不足道。因为对卷入其中的孩子来说，争斗可不是微不足道的。所以，大人应当耐心地理清冲突的头绪，并采取建设性的处理方法。

我深信，如果让孩子自己学会解决争端的方法，那么手足之争对牵涉其中的孩子来说，不失为一种可从中学到有益经验的好事。但是，如果在两个孩子之间插进了家长的干预，那么这种三角关系对事情的解决将永远带来消极影响。母亲往往并不知道，孩子争斗的目的之一，就是希望把她牵扯进去，迫使她放弃其他责任。结果呢，母亲对敌对气氛的形成起了推波助澜的作用，而孩子的敌对行为模式仍然会继续下去。

（大卫 · 肯）

PART 3

家庭中的手足情

在一个家庭中，每个孩子多少都会生活在兄弟姐妹的阴影里，时常觉得处境不妙。哪怕作为家中唯一的孩子也难以避免这种感觉。或许他嫉妒别人家的孩子，希望自己也有兄弟姐妹；或许他还会嫉妒父母之间亲昵的举动。

为什么孩子会嫉妒

由于嫉妒无处不在，因此，当兄弟姐妹之间看似体贴周到、和睦相处时，并不代表他们内心真的这样想，因为他们可能觉得不流露出真实情感才是安全的。

任何不和谐的氛围都不会让人快乐，而家人之间的相互争论无疑会使一整天的欢乐大打折扣。所以，我们必须腾出时间陪伴孩子，因为我们只有和他们在一起并关注他们做的事情，才能引导他们逐渐发展到能够自我管理的关键成长阶段。最值得称道的纪律，是内在的自律以及自控、专注的能力。这种纪律性对于改善手足之情，将争端和敌对降到最低限度，具有很好的预防效果。倘若孩子由于自身具有个性化优点而受到大人恰当的对待，那么当新生儿出生之后（即有了弟弟妹妹之后），他便不会感到有任何威胁。家长必须善于营造合意的氛围，让孩子将注意力放在个性发展而不是同胞争斗上，通过自觉面对每一天的各种场合，将痛苦的挣扎转化为博大的爱。兄弟姐妹确实是容易滋生嫉妒心理的个体，他们尤其无法忍受亲耳听见其他孩子博得慷慨的称赞。（一般而言，当着孩子的面谈论他们有百害而无一利。）当某个同胞正在欢度生日宴会，而他们真切地感受到自己正处在不利位置时，就会迫切地希望获得大人的支持。家长必须让他们懂得：父母随时都在给每个孩子机会，让他们能充分表达自我并受到肯定。这样，便没有一个孩子会产生被遗弃感，同时，兄弟姐妹间在争执时引发的严重冲突，也将因为大家都始终胸怀明确的方向和目的而得到化解。

每个孩子都要爱

家庭成员的构成方式，从本质上来说对兄弟姐妹不利。每个孩子都想得到父母独特的爱和关注，都期望集万千宠爱于一身。这种期望使家庭成员间的嫉妒不可避免。

只要想象一下居住在一夫多妻制的社会里是什么感觉，就很容易理解孩子在家庭中所处的困境。在一夫多妻的社会文化里，妻妾之间的竞争时常成为令人头疼的问题。为了受宠，她们工于心计，极尽挑唆离间之能事，这样的情况屡见不鲜。假如你是一个生活在这种社会背景中的妇女，难道你不想在竞争中始终占据第一，或者至少每隔一段时间，就要逼迫丈夫保证你在他的感情世界中仍然不可替代以便安下心来么？难道你不会伺机折磨你的竞争对手，让她们陷入困境么？只要有可能，你总想除掉与你争宠的眼中钉。

孩子的心态就是这样。约翰看着母亲花很长时间去照顾新生婴儿，于是嫉妒心开始悄悄地吞蚀他、折磨他。卷发的爱丽丝看着母亲每天晚上给直发的妹妹梳头，于是万分希望也找个充分的理由得到母亲同样的关注。琼注意到姐姐轻松地做完了家庭作业，而她的心理却整个晚上都在苦苦挣扎。

在一个家庭中，每个孩子多少都会生活在兄弟姐妹的阴影里，时常觉得处境不妙。哪怕作为家中唯一的孩子也难以避免这种感觉。或许他嫉妒别人家的孩子，希望自己也有兄弟姐妹；或许他还会嫉妒父母之间亲昵的举动。

由于嫉妒无处不在，因此，当兄弟姐妹之间看似体贴周到、和睦相处时，并不代表他们内心真的这样想，因为他们可能觉得不流露出真实情感才是安全的。另一方面，如果嫉妒成为孩子生活里的重要内容，那么他始终都在痛苦地纠结。无论是哪一种情况（即完全看不出嫉妒或者总是露出嫉妒的迹象），都说明他需要帮助。

我们的目标并非完全消除孩子的嫉妒心理，而是减少可能导致嫉妒的原因，并且在嫉妒出现时妥善处理。

竞争的好处

孩子之间的竞争似乎没有任何好处。然而，兄弟姐妹之间的竞争，却能帮他们彼此面对生活中一个铁的事实：没有人能够独享他人的关注，更没有人能够获得所有的好处。让孩子尤其是年幼的孩子懂得这一点并不容易。只有通过学习他才会知道，爱不像蛋糕，别人分享一块就少一块。

兄弟姐妹应相互学习，学习在家庭氛围中如何“奉献和索取”，从而获得分享和妥协的宝贵经验。独生子女多半需要在家庭生活之外学习这些经验。只要大人善于采取建设性的方法解决争端，那么孩子就会最终明白：别人优点的存在，不会减少他们自己的价值。

正当的家庭竞争使幼稚的个人主义失去市场，并且能在孩子身上培养内在力量和处世资源。孩子间的竞争或许让人不舒服，但却提供了与人相处的经验。

减少嫉妒

家长尽量减少孩子感觉处于劣势的次数是明智的。更重要的是，通过帮孩子获得高度自我评价，你使他放弃了“大人忘了我”的想法。孩子只要确立了自我价值，就不太容易受到他人长处的威胁。此时，他能分享父母的情感，因为他知道自己在父母心中的地位坚如磐石。

觉得自身有欠缺、没有价值的孩子，通常都容易产生嫉妒心理，缺乏自信，觉得处处受骗上当。因此，他必须抓住一切能够抓住的机会，并且制造和寻找各种机会贬低别人，他承受不起与别人分享时间和宠爱的现实。

孩子自爱的时候，也就是和别人（甚至自己的同胞）相处最融洽的时候。

自尊心强的孩子相对不容易嫉妒

孩子可能产生短暂嫉妒之情，但是其正面经验和自信心会使这些嫉妒稍纵即逝。父母要和每个孩子一起做事，以便培养其特别兴趣和特殊才能。要把每个孩子当成一个独立的个体来对待。倘若让孩子对别人的不端行为负责，只会挑起他强烈的反抗情绪。席德说："明明是弟弟撞扁了汽车的挡泥板，爸爸却把我们两个人的车钥匙都收回去了。史奇把车子撞坏时，我根本没有和他在一起。爸爸似乎事先就认定，如果史奇弄坏了车子，我肯定也好不到哪儿去。事情总是这样，他对我们，似乎从来没有考虑过我们几个孩子还有什么不同。"

安全消除嫉妒的良方。永泉由于没有当选棒球队队长而闷闷不乐，可是他的失望情绪在父亲特意安排与他面对面交流之后得到缓解。柯瑞由于不像弟弟那样高大强壮而感到自卑，但是他体会得到，父母宠爱他的原因与他的身高和力气无关。

我们很少对每个孩子产生同样的感觉，所以也不会对每个孩子"一刀切"。然而，如果某个孩子再三受宠，那么相对来说受到忽视的孩子便有了宣泄憎恨之情的广阔空间。

如果你始终对某一个孩子比较青睐，那么需要经常扪心自问，寻找导致这种偏爱的原因。受到忽视的孩子是否具有一些你不喜欢的特性？（需要注意的是，这个你不喜欢的孩子身上的特点，往往是你拒绝接受的自己身上的特点。）包容这些不合意的特性并且竭力发挥它们的作用，有益于你更加接受自己的孩子。

有时候，家长可能希望某个孩子去努力追求未曾实现的心愿，并抱着很高的期待。但如此一来，很容易引起其他兄弟姐妹的强烈嫉妒。

孩子出现嫉妒情绪时，家长应检查家庭生活情况，看是否的确给某一个孩子的好处更多，而给其他孩子较少。比如，让年龄稍大的女儿当妈妈的助手，这本身是一份很光荣的职责。然而，倘若你没有为此给她补偿，她会因为弟弟妹妹在家里过得无忧无虑而对他们产生强烈的憎恶。劳拉的父母总要求她对弟弟妹妹的不良行为负责。当父母为此严厉批评她的时候，她觉得无处申冤、极为痛苦。她的不公正感无可厚非。

从孩子角度看，与年龄相联系的不平等待遇（如"等你长到 10 岁，就能像布莱克那样晚点上床睡觉了。"），要比和性别相联系的不平等待遇（如"女孩子不该在家里大吵大闹，那可不像淑女。"）更容易接受。如果待遇不公的原因是年龄，孩子起码还知道自己总有长大的那一天，将来总会有一样的机会。可是，如果待遇不公的原因是性别，那他或许会反感甚至排斥自己的性别。

比较可谓是培养嫉妒的最佳途径。既然嫉妒源于“不如别人”的感觉，比较当然只会火上加油。

“我不明白你为什么不像姐姐那样勤学苦练，她从来都不需要我提醒。”

“杰克不会像你那样将钱到处乱扔，因为他把零花钱都存了起来。他还自己掏钱买了车。你呢？没有一件可以向人炫耀的东西！”

类似的话（在许多家庭都很常见）恰似一剂致命的毒药，必定会引起嫉妒、憎恶感和自卑感。它们像楔子那样无情地打进孩子的内心，让他觉得自己比不上另一个孩子。家长不难体会这种心情，只用想象一样，如果你的上司说“为什么你不能像某某人那样准时提交报告？他可从未拖拉过”，你会有怎样的感受就行。就算你打心眼里愿意改正错误，也绝不会喜欢别人把你当成反面典型来骂。假如你受到这种无礼的语言攻击，一旦某某人下次报告交迟了，你肯定会幸灾乐祸。你或许很想找个机会向老板打“小报告”，详细谈论此人的是非，让他的形象在老板心目中蒙上一层阴影。

就算你从来不用此类比较性语言来对待孩子，只要心里有类似的想法，同样会通过其他非语言方式流露出来。因此，你要经常提醒自己：“每个孩子都是独一无二的，把他和另一个人比较是应当的。”

家庭气氛影响彼此间的嫉妒

家庭气氛足以影响竞争的存在。总体上看，亚历山大的家人之间还是相互欣赏、相互尊重的。他父母既尊重孩子，又注意帮助他们成长。每位家庭成员都在其他成员中占据了至关重要的位置，这种轻松愉快的氛围使他家里的摩擦极少。作为一个群体，家里的许多活动大家都参加，但是每个人又可以自由选择参加个别活动，而且每个人都可以带外面的朋友参加家里的活动。亚历山大的一家人集体制定了家庭生活规则，彼此尊重他人的需要。在这种环境中，亚历山大对“奉献与索取”的态度始终很端正，觉得自己受重视、有价值，很少嫉妒其他兄弟姐妹。

萨拉正好相反。她出身于家长权威、管理严格的传统家庭，只有父亲的需要才可能被优先考虑。她发现，无论母亲多么努力，父亲都不满意。她的家庭充斥着怀疑、苛求和追名逐利，同时，孩子们都重视竞争甚至钩心斗角。他们天天生活在比较当中，缺少温馨和幽默。所有孩子有如“千军万马过独木桥”，争抢从父母大人身上坠下的、被削成一小片一小片的零碎感情。全家的氛围都是这样，以至于没有哪一个人从内心里喜爱其他人。在这种嫉妒满天飞的家庭中，萨拉深感作为一个女孩子的弱势地位。深感不满的萨拉认为每个人都与她争宠，于是终日与怀疑为伍。她甚至做好了一有机会便随时争宠的思想准备。

在一个家庭里，夫妻之间的生活情调、责任划分方式和满足家庭成员需求的程度，都会影响全家人的情绪和嫉妒心理。轻松、包容、团结的家庭气氛可以大大减少孩子的优劣感。

情绪突然失控

在孩子生活中的某些时刻，特定事物的出现会使嫉妒心更加猖狂。牢记这一点，家长便能做好处理问题的思想准备。我们都知道，新生儿的问世几乎总会在较大的孩子之间引发嫉妒。无论哥哥姐姐多么期待家庭新成员的到来，当这一期待变成现实之后，仍然会觉得自己的地位被取代，在新鲜感完全消失或者新生儿变成大孩子个人生活中的累赘之后尤其如此。

随着每一个新事件的出现，孩子嫉妒心理的日益强烈可想而知，因为他们内心有深深的不确定性和不安全感，这种不确定性和不安全感使他们十分在意其他孩子享有的好处，而不管事实上是不是这样。

外界的事件也能引发不安全感，并使嫉妒产生的可能性进一步增大。比如，第一次走入校门、适应一位新来的老师、与邻家的好伙伴分离、迁进一个新的小区、开始接触不同的学科领域以及适应家庭中的父母分居或离婚、亲人亡故等，总之，任何新的压力都可能引起孩子嫉妒情绪的骤然发作。

年龄相仿、性别相同的孩子之间，嫉妒心更加白热化。戴维和马修分别

4 岁和 5 岁，都处在亟须母爱的年龄。可以肯定，他们的争执比 10 年之后，即戴维 14 岁、马修 15 岁时可能产生的冲突要激烈得多。

当一个年轻人正在经历足以威胁其心理承受能力的外在压力时，他特别需要大人心理上的共鸣。

用建设性的方法处理嫉妒情绪

就算家长极力减少可能引发嫉妒心的机会，这种心理仍然会不时出现。家长的职责不是花时间搞清楚孩子是否应该有嫉妒心理，而是要和他们一同面对。

嫉妒显然不能用理论和逻辑来解释。无论减缓什么样的负面情绪，其最佳途径都是鼓励孩子表达自我（例如，通过语言、图画、素描、音乐、黏土、戏剧表演等），同时能真正侧耳聆听并接受这些负面情绪，并从孩子的角度设身处地地去理解。患有嫉妒心的孩子渴望被大人理解、认同和接纳。

嫉妒似乎不合乎逻辑，因此往往令人难以接受。但是我们几乎都能通过亲身经历明白，任何情绪都未必合乎逻辑。例如，某个年轻人总是坚信自己被遗忘或者被欺骗，但事实上并非如此。不过，这并不是问题的重点，问题在于此刻他感到不幸。你必须能够感同身受地对他出手相助，否则他便会认定"父母都不了解我"的结论。

不妨看看以下这种在多数家庭中都会经常出现的情景。

"你为约翰做的要比为我做的多得多！"约瑟夫噘着嘴，生气地对父亲说。

"哦，约瑟夫，你的想法可真荒唐！"爸爸说，"每个星期六下午，我不是都在少儿棒球协会陪你吗？我不是买了一辆脚踏车，当作圣诞礼物送给你吗？还有，暑假你是不是去童子军露营了？每一次这样的活动差不多要花 1750 美元，而我们从来没有花那么多钱在约翰身上。你得到的特权其实比他多得多。不要再无理取闹了！"

耿直的父亲对儿子如此一番反驳情有可原。他怎能接受这种与事实不相符的无理取闹呢？重要的是，情绪也许与理智相背离，但是，倘若你因为它们存在便认为它们是合理的，从而加以接受，那么孩子就能针对事情真相做出合理解释，同时孩子的反应也更容易让你接受。争论嫉妒是否存在这个问题，只会促使孩子相信他的不幸千真万确。

出生时间的先后顺序，会影响孩子的自我发展、智力、创造性、权力欲、社交能力以及与家人之间的关系。

（多罗丝 · 柯克维 · 布雷格）

兄弟姐妹

许多孩子一生下来在天赋上就比不上兄弟姐妹，因此，他们有这种劣势感和无助感是正常的。心理共鸣有助于他们接受这种不可回避的事实。

约瑟夫的父亲怎样才能更有建设性地处理儿子的嫉妒情绪呢？

“你为约翰做的要比为我做的多得多！”约瑟夫噘着嘴，生气地对父亲说。

“你好像觉得不公正。”父亲顺水推舟地响应他，试图走进他的内心世界。

“是啊，每天晚上你都让他坐在腿上，读那些无聊的儿童故事给他听。”约瑟夫笑着说。（约瑟夫最初的感觉已经被父亲接受，现在，父亲开始探询让约瑟夫烦恼的原因究竟是什么。）

“你看不惯他在我这里得到那么好的待遇，是不是？”父亲开始反省。

“那当然，为什么我该习惯？仅仅因为他年龄小，就能得到特别的关注，似乎他是家里什么特权人物或者了不起的家伙！”

（此时此刻，父亲多么想提醒约瑟夫，他小时候曾受过同样的待遇，但是这种提示会阻碍父子的进一步沟通。提醒孩子自己若干年前曾遭受的待遇，并不能感染他现在的心情。看看心理共鸣怎样能进一步将真正的问题表面化。）

父亲接着说：“和约翰一起分享我的时间并不容易。”约瑟夫轻声说：“可不是么，确实如此。我知道，你每周六下午抽出时间陪我参加少儿棒球协会，可那不过一周才一次。约翰每天晚上都能和你在一起。”

“你希望我能经常多抽点时间陪你，是不是？”

“是啊，或许可以改变一下方式。比如，某个周六下午，我和布雷克以及他爸爸一起驾车去少儿棒球协会，那样，我们就可以用 20 分钟左右的时间，每天晚上在约翰睡觉之后下盘棋。我并不要你像对待孩子那样读故事给我听，但希望你能和我杀一两盘。”

心理共鸣帮助约瑟夫的父亲找到了困扰自己的根源，而这一结果也帮助约瑟夫懂得了一个道理：父亲为他所做的，要比为弟弟所做的更多。此外，约瑟夫也由此知道父亲的时间有限，同时，父子俩一起想出了解决办法，可以使他对父亲抽出更多时间陪自己的愿望得到满足。

下面这位母亲则帮助女儿以言语和行动表达嫉妒之情。

“我恨詹妮。”有一天晚上，美莲哭喊着，“不是她离开，就是我走！”

“你似乎到了无法忍受姐姐的程度。”她母亲同情地道出女儿的苦衷。

“是的，我简直无法忍受。她那么粗暴，我却总是无法改变她的固执，逼得她眼泪直流。”（美莲剥去了愤怒的表象，揭开了嫉妒的面具，表现出挫折感和失落感。）

“你的意思是，你希望自己变得强大，这样就能改变自己，和詹妮扯平。”

“我好想这样！可我根本没有机会，她总是比我强大有力。”

“好像你永远也无法抵消劣势，和她打个平手。是不是？”

“正是这样，妈妈”，美莲的语气更加缓和，说：“我根本没有办法还击她，所以我只能希望她远离我。”

“似乎唯一的出路就是赶走她？”母亲附和她说。

“对，不过我知道你一定不会那么做。”（此处，美莲承认自己的愿望不切实际。这种愿望对一个总是觉得自己处于劣势的人来说是正常的，但母亲虽然并未进行任何逻辑思辨，也同样能让美莲明白自己的想法不现实。因为母亲的同情和理解，使她更愿意而且能够正视现实。）

“不”，母亲答道，“我不能赶走她。不过，你可以假想这个娃娃就是简妮，你可以对她为所欲为。”（母亲设定了行为的上限，并提供了一个美莲可以接受的宣泄渠道，让美莲尽情宣泄心中的强烈不平。）

听了妈妈这番话，美莲开始用力地把娃娃往地上一摔，疯狂地踩踏它的身体，尖声叫道："你这个愚蠢笨拙而又强悍蛮横的家伙！现在没那么神气了吧？看看究竟谁最厉害！你又小又弱，我会把你做成果冻吃下去！愚蠢又无助的果冻小块！"美莲愤怒地踩着娃娃，一遍遍尖声地叫着："你是最小的那一个！"

母亲继续和女儿待在一起。美莲在用语言发泄了愤怒之情后，压抑的情绪得到缓解。之后，她抬起头看了看母亲，说："我累了，想去睡觉。"本来，母亲打算继续和她沟通一次，然而第二天，美莲却情绪很好、笑容满面，甚至提出为姐姐的吐司面包涂奶油。暴风雨终于过去了。由于负面情绪彻底得到缓解、抚慰和宣泄，美莲的感情从此能够自然地表达出来。也许在将来某个时候，美莲还会对姐姐的强势心生厌恶甚至奋起反抗，但母亲总能在她出现感觉时帮助她克服。通过同情的倾听并提供一条安全的发泄渠道，母亲主动排除了女儿心中的有害情绪。她并没有提出解决办法，没有讲大道理，也没有正面安慰或做出盲目判断，而是耐心地陪着女儿，努力去了解她真实的内心世界。美莲并没有因为怀有嫉妒和愤怒之情而感到自己"不可救药"。在将这些情绪排解出来，并且承认它们是自己的真实感受之后，她的负面情绪也就烟消云散了。

许多孩子一生下来在天赋上就比不上兄弟姐妹，因此，他们有这种劣势感和无助感是正常的。心理共鸣有助于他们接受这种不可回避的事实。

许多时候，家中某个孩子会由于年龄或其他特别情况而获得某种特权。这时候，你可以巧妙地赋予其他孩子某种恰当的权利，以减轻其他孩子心中的嫉妒。或者，通过了解其他孩子的真实感觉，帮他们勇于面对现实、改变自身命运。

与孩子进行心理共鸣，传递的信息相当于："你不会因为某种负面情绪而变得不可爱或不重要。我会尽量理解你，并努力帮你面对它们。"倘若拒绝接受孩子的嫉妒情绪，会让孩子产生负罪感和自贱感，觉得自己没有价值；倘若孩子拒绝接受自己真正的感觉，他们的自我评价肯定会大打折扣。

嫉妒的征兆

孩子通常不会将嫉妒背后的感觉直接公诸于众。他不会说:“我害怕别人来分享你给我的爱”或者“我觉得孤立无援”。其实，他甚至无法清醒地认识究竟是什么原因困扰着他。

多数时候，他会用“密码”来表达自己。他可能借用你的身份，用“裁判”的口吻（或许是因为他经常模仿我们的说话方式！）来“敲打”我们，例如，“你不爱我”，“你老是由着劳拉照她的方式做事”。由于我们不善于破解孩子的心灵密码，因此，往往只能对孩子口头表达出的信息做出反应。例如，我们会说:“怎么啦，宝贝儿？我当然爱你。”或者说:“怎么会呢？我加班加点地工作，就是为了养活劳拉和你。”但是，正由于尚未听懂孩子话语之后的“潜台词”，我们讲的大道理没有发挥任何作用，更无法给孩子留下什么印象。我们说的话，根本没有触及孩子认为自己被我们排斥的真正想法。

通常情况下，能使我们觉察孩子产生失落感的唯一迹象，就是他们毫无由来地发怒，似乎渴望打架，或者他把比自己小的另一个孩子打倒在地。这种方式作用的原理犹如“滑轮系统”：人在情绪低落时，总想把身边那些比自己强大的人往下拉，尤其是那些高高在上、令我们反感的人，似乎我们总想通过削弱别人的能力，来提升自己的能力。

孩子产生嫉妒还有一种征兆，即依赖性突然增强。例如，6 岁大的马莎总喜欢通过尿床、吮吸拇指和突然依附于父母等“退化”行为，表达她内心对刚出生的弟弟的真实感受。

嫉妒的另一种微妙征兆，可能是孩子的占有欲增强。当孩子突然要这要那的时候，他真正想要的可能不是玩具，而是时间，希望父母多花点时间在他身上。

许多孩子的嫉妒心理，会直接变成反常的行为。每次父亲辅导弟弟做功课的时候，彼得总会把电视机的音量开到最大，震得屋子里嗡嗡响。其实，他想通过这种幼稚的方式，表达“我也需要关注”的真实想法。

“解决这个问题并不难。把彼得和弟弟做功课这件事联系起来，即让他力所能及地当弟弟的小老师，教弟弟解决学习上的难题，他的伎俩就会立即停止。他开始对弟弟的进步表现出由衷的自豪。”彼得的父亲接着说，“同时，他简直像换了个人一样。”（不用说，他觉得在弟弟的进步中，他做出了重要贡献，这证明他的确举足轻重！如此一来，他再也找不到理由来嫉妒了。）

孩子总在直接或间接地告诉我们他们何时感到不幸。我们的主要任务就是“心理共鸣”。每个孩子都需要大人的理解、接纳和关注。一旦确认这些感觉，孩子就不会挖空心思、兜着圈子去对付于己不利的外部环境。此时，他觉得自己并没有受骗上当，固此变得幸福而自信。

家里的新生儿

海伦今年 4 岁，她父母正在期待一位婴儿的降生。以下是她对幼儿园老师说的一番话，“有一对夫妇有个女儿。他们的朋友都有女儿，但他们的朋友都还有另一个宠物——刚出生的袋鼠。这对夫妇于是也认为光有一个女儿还不够，便同样买来一只刚出生的袋鼠。这只袋鼠满屋子跑，一会儿跳到大人身上，一会儿又把屋里的东西打翻，搞得家里鸡犬不宁。没办法，他们只好把它送走，现在，他们又只有一个女儿了。”

斯蒂芬两岁半时，妈妈生了第二个孩子。婴儿出生后不久，他用警告的口气对一位来看望的阿姨说：“看见那边那个摇篮了吗？不要走近它喔，它很危险。”

海伦和斯蒂芬都是正常孩子，他们的反应也很正常。当家里即将添丁时，他们为自己的地位受到威胁而倍感焦虑。家长不能低估威胁的影响力。倘若家长理解孩子在面对刚出生的弟弟妹妹时所体验到的感觉，就难以受其敌意和反感情绪的干扰，因此也更能帮他们面对这些负面情绪。

海伦编的故事里说，只有一个女孩对爸爸妈妈来说不够，他们还需要一个袋鼠（她的比喻真奇妙，因为袋鼠是个特征鲜明并且带有异国情调的动物，当然谁也不想把它放在家里，更何况还是个刚出生的袋鼠，要让妈妈放在肚子前面的袋子里）——这是她所害怕的。爸爸妈妈会发现，多生一个孩子会带来很多麻烦，只要一个女儿就好——这是她所希望的。

斯蒂芬觉得，对阿姨说那番话时，新生儿在他的生活中是个真实的威胁。他担心的是：他想要的所有关爱以及从父母身上一直以来得到的全部娇宠，都会一点不剩地转移到新生儿身上，自己终将一无所有。于是，他便请求值得他信赖的阿姨不要也像父母那样放弃他，而更加喜欢新生儿。

就事实本身而言，新生儿对父母来说的确具有某种深层的含义，但大一些的孩子总以为，是由于我们觉得他们不够优秀，才如此喜新厌旧。他们心想：年龄大的孩子不完美，所以爸爸妈妈才再要一个孩子；我的年龄大、没有了新鲜感。有这样的想法，他们当然会嫉妒。

如果我们告诉孩子应该如何爱护小弟弟、小妹妹，那他们的焦虑、嫉妒和敌视情绪就搞得更加难以对付。不要指望孩子会主动爱护新生儿。他可能为了取悦我们佯装喜欢婴儿，从而隐藏内心的真正感受，但是伪装对任何人来说都不容易和轻松，敌意总会于不经意间流露出来。他可能装着愿意和婴儿一起玩，但玩起来却简单粗暴；婴儿的玩具可能经常掉到摇篮外面，他为此可能要受到责骂甚至挨揍。

孩子对新生婴儿的抵触情绪是如此惊人的强烈，因此，必须让他们明白：谁也不能在和婴儿玩耍时简单粗暴，我们不允许那样；你可以无情地对待婴儿的玩具，但不能用同样的方式对待一个活生生的婴儿。

此外，由于孩子对新生儿充满嫉妒，因此，我们必须再三保证：天下父母都爱自己所有的孩子，只不过因为每个孩子互不相同，所以他们会以不同的方式去爱，但从来不会从主观上故意厚此薄彼。

虽然我们费尽口舌地耐心解释，但孩子的焦虑之情却丝毫没有减少，他们彼此间自然感受到的双重矛盾的情感也未能得到有效的遏制。兄弟姐妹之间的竞争将一如既往，因为父母的爱对他们的人生至关重要。不管父母说什么，每个孩子都渴望集万千宠爱于一身。

孩子慢慢长大后，仍然会继续吵嘴、挑衅甚至打架。我们希望这一切都会停止，希望他们相处得和睦融洽，然而，愤怒、不安和竞争是每个人生活不可缺少的一部分。

不过，血终究浓于水，多数兄弟姐妹总归还有手足之情。当我们允许孩子表达内心所有的情感，并且保护他们免遭强烈的负面情绪（这些情绪是他们无法独自应对的）影响时，这份手足之情便能在我们的精心呵护下茁壮成长。我们的帮助方式并不是否认他们的恐惧，而是耐心地解释现实，也只有这样，他们才开始真实地面对内心的恐惧感和焦虑感。毕竟对大人来说，分享爱并不容易做到。

也许有人对你儿子说："将有个刚出生的弟弟妹妹和你玩，这不是很有趣么？"可他总不能天天和新生婴儿一起玩。也许有人对你女儿说："你以后要照顾新生儿，这不好吗？"但是在婴儿出生之后，他能做出的贡献并不很多。大人喜欢鼓励年龄大一些的孩子，再三保证说新生儿真的很好玩，但这样的鼓励过高地吊起了孩子的胃口。假如我们更多地解释婴儿的真实面貌是什么样子（例如，婴儿还认不出家里的人，因为周围的人对他来说还很陌生；他无师自通地会哭，但要在几个月之后才能学会笑；他会尿湿尿片并在上面拉屎；要等到出生几个星期后，他才会像杂志上的婴儿照片那样可爱和红润；他的头发暂时还很稀疏等），对孩子反而会更有帮助。

如果你能详细地向孩子传授与新生婴儿相处的艺术，情况可能会进一步好转，例如：如果抚摸婴儿的脸颊，他会将头扭到你的手这一边；如果触摸婴儿的脚掌，他会将脚趾头蜷缩起来：如果他饿了，甚至会吸吮一只刚好碰到嘴巴的手或胳膊。倘若认真观察，你会看到儿子学会了将爽身粉抹在婴儿肚皮上，让婴儿闻起来香气四溢；女儿能熟练地抱起婴儿横躺在膝头，好让婴儿打个饱嗝；儿子举起一张闪亮的锡箔纸片让婴儿注视，或者摇响一串钥匙让婴儿用眼睛去找。新生儿对陌生的脸孔很感兴趣，而你女儿可能正好喜欢这种想法，认为婴儿在紧盯着她的脸看时，正在学习辨认自己的大姐姐呢。

让孩子唱一首歌，就算声音过于响亮并且有些走调，仍然能让新生儿很快平静下来。如果你在一旁阻止孩子不要过于粗鲁地对待婴儿，不妨让他拍一拍或摇一摇婴儿，也能起到同样的效果。在平静和愉悦时，可以让孩子把手指头放到婴儿手中，感觉婴儿又小又嫩的手指怎样紧紧地抓着他的手。

（伊丽莎白 · 费雪）

chapter 12

家庭排行对孩子的影响

许多读者认为老小总是备受冷落，并且常怀有自卑感。在调查研究中，我们经常发现这种自卑感的存在，并能从这种折磨人的情绪中推断出其内在特质和成长方式。

有一个事实经常会吸引我们注意：在对一个人做出判断之前，我们必须先知道他在成长环境中的身份或地位，而他在家中的排行则是确定这种地位的关键所在。一旦得到经常性训练，我们通常都能根据这一观点将各色人等分门别类，分辨出某人在家里是老大、独生子女、老小还是其他排行。

人们似乎早就知道，家中老小一般都与众不同。无数神话故事、民间传说甚至《圣经》都证明了这一点。在这些故事中，老小总是在同样的形势或环境中出现。事实上，他的成长环境的确与众不同。在父母眼里，他是一个特别的孩子，最小的他也总是受到一种备受关怀的特殊待遇。由于他最年幼，因此通常最需要得到帮助。他年龄尚小时，哥哥姐姐都已经不同程度地具有了独立能力，进入了各个成长阶段，因此，他的成长氛围要比其他孩子经历的成长环境更为温馨和舒适。

一些对他的人生观产生显著影响的个性特征由此出现，并使他日后成为一个性格不同寻常的人物。有一个事实值得注意，因为它与我们通常奉行的理论自相矛盾，那就是：没有一个孩子喜欢排行老末，即始终让人对他缺乏信心的老小。这种认识将刺激家中的老小总想极力证明自己无所不能。于是，他为权利而争斗的倾向变得特别明显，总会产生一种要击败所有人的欲望，似乎只有变成最能干的人才心满意足。

有一种类型的老小确实胜过每个家庭成员，成为家中最能干的孩子。这种类型的老小并不少见。另外一种老小则相对不幸。他们同样渴望出人头地，却缺乏主动进取的必要个性和足够的自信，这是他们对哥哥姐姐长期依赖的结果。这种老小假如不能超越年龄大的孩子，往往便会在角色扮演中慢慢退缩，变成一个懦弱无能、永远为逃避责任寻找借口的“惯犯”。这种类型同样为数不少。

毋庸置疑的是，许多读者认为老小总是备受冷落，并且常怀有自卑感。在调查研究中，我们经常发现这种自卑感的存在，并能从这种折磨人的情绪中推断出其内在特质和成长方式。从这种意义上讲，老小就像一个带着孱弱器官降生的孩子，但事实上，他本人的自卑感并不切合实际。到底在出生后发生了什么，以及他是否真的天生就比不上别人，这些都并不重要，重要的是他对自己的认识。我们都知道，人在小时候很容易犯错误，因为处在这个阶段的孩子正面临无数的问题，并且要应对各种可能的情况和后果。如果让错误的想法在他们头脑中固定下来，那么长大后的他们便会对这些想法习惯性地加以接受。

现在大家要问：教育工作者这时要做些什么呢？他要进一步向此类孩子施加外界刺激，以激发他们的虚荣心吗？他要不断促使此类孩子成为万众瞩目的焦点，让他永远第一吗？以这种错误的方式回应真实的现实挑战，不仅无力，而且无效。经验告诉我们，一个人是否真的是第一，其实并没有什么要紧，而且是否是第一或最好也并不重要。历史和经验都已证明：“高处不胜寒”，幸福的根源并不在于位居第一或者永远完美。怂恿孩子永争最强，会使他的人生观发生偏移，更重要的是，这种教育会剥夺孩子奋发向上的机会。

这种教育的第一个后果，就是孩子只想到自己，而且心中充满疑虑，害怕有人赶超自己。嫉妒和憎恨同伴，担心地位不稳固，这些想法都会在他的心中膨胀。生活中的老小排行，最终造就了一个总想击败所有对手的“拼命三郎”。人们仅从其日常言行特别是一些细小动作上，就可以察觉和识别出这种竞争意识极强的老小（他们总是在精神上进行着马拉松赛跑）。尽管对那些还不善于通过外界人际关系来判断一个人内心世界的人来说，这些细小动作并不明显，但一般人依然可以管中窥豹。例如，这样的孩子总喜欢走在队伍最前面，而且不能容忍有人超越。类似的赛跑心态是许多孩子的共同特征。

当然，我们也能在老小这个群体中发现许多积极能干的个体。他们干什么都竭尽全力，甚至能拯救全家于水火之中。不妨想想《圣经》中的亚瑟！这个人物是对最小的孩子也能干大事的最佳注脚。不过，从强者变成懦夫的例子也很常见。这犹如马拉松选手突然遇到不相信自己能够跨越的障碍，只能试着避开困难，绕道而行。这种类型的老小在丧失勇气时，会变成最为人轻视的懦夫。他们离成功的目标越来越远，每一次努力似乎都徒费时间和精力；无论多么有意义的事，他们都不肯尝试，只想着寻找借口逃避，从而成为这方面名副其实的“艺术家”；他们认为，一切努力都是在浪费时间。因此，在面临任何现实困难时，他们只能失败。人们经常发现，这种孩子总在谨慎地寻找一块不存在任何竞争的“活动地盘”，其现实表现就是找理由搪塞失败。他会辩解说，自己还很柔弱、太受宠爱，或者说哥哥姐姐抑制了他的发展。如果加上真有生理缺陷，那他的命运就更加多舛了。果真如此，他肯定会打着“弱势地位”的幌子谋求利益，作为逃避失败的台阶。

这两种极端群体都不能作为人们效仿的对象。争强好胜类的老小如果生活在崇尚竞争的社会中，会过得比较如意，这种类型的人总是以损害他人利益来保持自身的心理平衡；而自卑懦弱类的老小，则始终生活在因自卑而备受压抑的感觉之中，缺乏与命运抗争的能力和勇气，终其一生苦不堪言。

排行老大者也有鲜明的特征，因为他占据的可能是最佳位置，这一位置有利于他内在素质的形成。传统观念认为，长子占据的地位特别有利。在许多种族和阶层中，这种有利的身份已经被人普遍接受。比如，在欧洲农民中，老大从小就知道自身的地位很有利，很清楚有朝一日会接管农庄，而其他孩子则知道自己必须在某一天离开父亲的农庄。在其他社会阶层中，长子通常也会成为一家之主。同时，人们都公认长子的优势地位，赋予其足够的权力，好让他早日成为父母的帮手，日后顺理成章地担任父母的接班人。而对一个从小便挑起家庭重担的孩子来说，这样的经历和磨炼是何等珍贵啊！也由此勾画出了他的真实想法：“在家里的孩子当中，唯独我年龄大、能力强，所以一定比别的孩子聪明。”

假如他畅通无阻地朝这个方向前进，我们将发现他拥有维护秩序、掌控大局的性格特质。这种人对权力的评价极高，这种评价不仅涉及他们的个人权力，也涵盖一般的权力观念。对老大来说，拥有权力是理所当然的，权力既有分量，也必须受到重视。因此，家中排行老大者都颇为保守，不希望放权，也就不足为奇了。

在老二争权夺利的案例中，与老大相比也有细微的差别。排行老二的孩子经常在压力下争取优越感，这一点在他们的行动上特别明显。已经有人在他前面获得了权力，这会给老二以强烈的刺激。如果有拓展权力的可能并有与老大一争高下的机会，他通常会极其活跃、充满热情地去追求。而拥有权力的老大觉得自己的地位比较安稳，直到老二超越自己时才感到威胁、如梦初醒。《圣经》中有关厄撒乌和雅各布的传奇中，生动地描述了这种情况。在这个故事里，永无休止的残酷争战并非为了真实的权力，而是为了权力象征。在类似例子中，争战通常不得不继续到底，直到老二达到征服老大的目的，或者争战失败为止（通常以患病作为老二撤退的起点）。老二的抗争近似于穷苦阶层的呐喊，当然，这其中也有被忽视的因素。老二可能会因为目标过高而终生受苦，内心的平静被彻底打破，甚至追求的不是活生生的现实，而是昙花一现的幻象和毫无价值的象征。

独生子女会发现自己的处境相对而言更加特别。父母在爱孩子的问题上别无选择，只能把教育子女的全部热情放在唯一的孩子身上。孩子由此对外界高度依赖，总等着有人在生活中指点，并且无时不在地寻求支持。毕生受宠的他，在成长的路上总有人为自己披荆斩棘，所以他习惯于事事如意。由于经常处于关注的中心位置，所以独生子女很容易滋生优越感，而这种感觉使他几乎不可避免地产生各种错误认识。如果父母对他环境的各种危险心知肚明，便可以采取措施防患于未然，防止他生活中出现偏差，但话又说回来，做到这一点并不容易。

家有独生子女的父母往往格外谨慎。他们通过自身的丰富阅历，知道生活充满艰辛，所以会采取一种过于关切的态度和孩子接近，而孩子反过来又把父母的教导和告诫当成一种额外压力的来源。家人对独生子女健康和幸福的极度关切，最终会刺激孩子孕育出这样一种想法，认为社会上充满陷阱、敌意和困难。于是，在他的内心会对困难永远怀有恐惧感，并以一种生涩的方式面对困难，因为他只接触过生活中的美好事物。这种孩子无法独自面对生活中的每一件事，迟早会变得一无是处。可以预见，在将来的人生旅途中，他们迟早会遭受挫折和挫败。他们几乎是碌碌无为、只懂得享受的寄生虫，他们的需要享有第一优先权。

如果一个家庭的孩子多，便会出现同性或异性相互排斥的情况，这使得评估此类案例变得极其复杂。其中一个例子就是家里有几个女孩，但只有一个男孩。由于此类家庭受女性影响主导，男孩便会受到排挤。如果这个男孩年龄最小，又受到一帮关系密切的姐妹的排挤，那么这一点便更加明显，而他广获认同的努力就会遇到很大困难。四面受敌的他，从来无法确切地感受退化的男性社会赋予每个男人的特权。一种挥之不去的危机感和无助感，就成了他最典型的特征。他也许会因受到身边女性的影响而变得胆怯和懦弱，觉得做一个男人相当于处在不光彩的位置上；另一方面，他的勇气和自信又是脆弱的，容易受到外力的削弱；还可能会因为刺激来得太强烈，使他逼迫自己做出一番伟大成就。无论出现哪一种情况，其起因都是一样的。这种男孩最终会变成什么样的人，就要取决于其他相关因素了。

孩子在家庭中的"位置"，对其本能、性格倾向、智力等都有影响，而这些影响都可能决定他日后的命运。这条经过实践检验的真理，使遗传理论丧失了所有价值。遗传理论向来认为，与众不同的性格特质和天性禀赋，都是遗传得来的。这一论点对人才培养非常有害。无疑，有些个案的确证明了遗传因素的决定性影响，例如，某个从小就远离父母长大的孩子，会展现出某些与家族其他成员类似的特征。但是，如果想想孩子重复犯某一种错误的原因和遗传得来的某种身体缺陷密切相关，就不难找出这一理论的漏洞。身体瘦弱的孩子，在面对生活压力和困难环境时，由于身体原因而更容易紧张。如果他父亲的身体同样瘦弱，为人处世的方式也和他类似，那么两代人当然可能犯同样的错误，形成类似的性格特征。这不足为奇。从这一点看，我们认为，仅靠遗传将后天形成的性格特质传给下一代的理论是站不住脚的。

综上所述，可以做出这样的假设：无论孩子在成长过程中会犯多么严重的错误，所有后果都可归因于他渴望获得更多个人权力和自身利益，并超越所有同伴。在我们的社会文化中，这样的孩子实际上只能被迫遵循一个固定模式来求得发展。要想阻止这种恶性发展继续下去，我们就必须对他日后必然遇到的各种困难做到先知先觉。有一个重要观点有助于我们帮孩子战胜这些困难，那就是“让孩子走向社会，让社会接受孩子”。如果做到这一点，困难便变得微不足道，但由于在我们的文化中，孩子的这种发展机会少之又少，因此他们遇到的困难就扮演了重要角色。懂得了这一条，我们看到许多人毕生都在为生活而奔波就不必惊奇了。对另一些人来说，人生是痛苦的。我们必须明白，他们是一种错误发展模式的受害者，而这些人的最大不幸就是：他们的人生态度也是错误的。

毋庸置疑的是，人人都会犯错，错误是真实人生的一部分。承认这个事实，会使我们丢下包袱、轻装前进。

我们应当始终怀有谦虚的态度，尤其要避免武断地对孩子的道德价值作出判断。对于犯错误和受到误导的人，我们应心怀同情，这是因为我们“旁观者清”，我们的立场比较客观，比他自己更能看清他内心的经历和挣扎。这便引发了教育方面的种种新观点。认清错误是取得更大进步的根源。通过分析某个人的心理结构和发展过程，我们不仅能了解他的过去，还可以进一步推断他的未来。这样，我们便能真正深入地洞悉人性。

孩子是活生生的人，不是个静止的侧影。只有这样，我们才会觉得，孩子是我们的接班人，青出于蓝而胜于蓝；只有这样，他们才会觉得，他们的人生价值更能得到体现。

（埃弗瑞 · 阿德勒）

PART 4

体能训练

如果留意观察孩子，你会清晰地看出他的智力培养是通过运动实现的。我们在世界各地都对孩子进行过面对面的观察，结果证实，孩子通过运动来提升理解能力。活动有助于智力的培养，而智力的提高往往又能在运动和活动里找到新的依据。

chapter 13

活动对孩子发展的重要性

如果留意观察孩子，你会清晰地看出他的智力培养是通过运动实现的。我们在世界各地都对孩子进行过面对面的观察，结果证实，孩子通过运动来提升理解能力。活动有助于智力的培养，而智力的提高往往又能在运动和活动里找到新的依据。

当前的教育理论应重新审视肢体活动的重要性。需要特别注意的是，我们对处于儿童期的孩子的肢体活动的本质还存在认识误区，同时，许多错误观念使我们对体能活动重视不够。在学校，首先强调的是孩子的智育，体能活动只不过被冠以“体操”、“体育”或“游戏比赛”等称谓。许多人没有看到，这样做忽视了肢体活动与孩子智力发展之间的密切关系。

不妨先探寻一下人类神经系统的奥妙之处。第一，人都有大脑（或称为“中枢”）；第二，人有各种感觉器官，负责收集对外界的印象并传递给大脑；第三，人有肌肉，还有神经，它们像电缆一样，将神经的能量传递给肌肉，使神经能够控制肌肉的运动。因此，不难看出，有机体包含三个主要部分，即大脑、感官和肌肉，运动即是这些精密构造整体作用的结果。事实上，只有通过运动，个性才能得到表达。哲学家再伟大，也必须用语言或文字来表达想法，这便和肌肉运动产生了关联。如果不通过肌肉运动把内心的想法表达出来，那么他的思想便毫无价值。生理学家认为，肌肉是中枢神经系统的一部分，而且肌肉和神经系统联合发生作用，才使人和所处的环境产生关联。其实，由大脑、感官和肌肉组成的这一整套结构，通常称之为“关系系统”（system of relationship），换句话说，正是由于它的存在，人才能与周围的世界（包括生物或非生物）接触，同时与他人交往。缺少了这个系统的作用，人不可能和周围的环境或其他人产生任何关联。

相比之下，人体的所有其他器官从功能上讲，可以说都是自私的，因为它们服务的对象只有一个，那就是人本身。它们的功能就是让人活着，或者说“像植物那样活着”。这一类器官也由此得名为“生长系统”（vegetative systems）。“生长系统”只能帮自己“主人”成长和存在，让人和外界发生联系的只能是“关系系统”。

生长系统能使人的健康处在最佳水平。但是，我们应当以截然不同的眼光来看待神经系统，因为它给予我们印象之美，使我们的思考能力趋于完善。神经系统是一切灵感的源泉，所以把它贬低到生长层面是错误的。下面这个比喻可能有助于我们理解这一系统。我们都知道，人要想身体健康，心、肺和胃必须一起工作。同样的规则也适用于关系系统，即中枢神经系统。大脑、感官和肌肉只有通力合作、相辅相成，关系系统才可以充分发挥自身作用。换句话说，只有通过运动，人的精神境界才能达到更高层次，我们应当从这样的角度来评价运动。运动是中枢神经系统的整体性活动，因此不能漠然视之。关系系统是一个完备而单一的整体，虽然包含三个部分，但作为一个整体，只有在所有部分一起发挥作用时，才能达到完美境界。

如今，我们犯下的最大错误，就是在分析运动时，并没有结合其较高级的功能。我们认为，肌肉这个器官存在的目的就是人体健康。我们通过“做体操”或“练健身”来保持身材“适中”、呼吸顺畅或者吃得好、睡得香。学校所持的就是这种错误态度。

这一严重错误的态度带来了恶果，即在运动生命和思想生命之间划出了一道鸿沟。从表面上看，既然孩子有血有肉，同时又有思想和灵魂，我们便认为必须在教育中加入游戏，以免埋没了他们的某种天赋；但是实际上，我们总是有意识地把灵魂和肉体分置于两处，从而割裂了两者应有的关联性。这便使行动和思想之间的联系形同虚设。运动的真正目的远不止于改善胃口或者强化心肺功能，而是服务于人的人生目标，服务于大自然的和谐有序。要想达到这个目的，人的运动就必须与“中枢”（即大脑）协调一致。思想和行动不仅是同一过程的两个组成部分，而且高级生命是通过运动来表现的。倘若做与此相反的假设，就会把人的肉体当成一堆没有思想的“死肉”，这时，它们仍然会因吸收养分而生长，但心灵和肌肉之间的联系就无法协调了。如此一来，人不仅无法独立自主，而且天赋与智慧合而为一的趋向也会遭到破坏。

在讨论智力培养时，许多人会说：“运动怎么能扯进来呢？我们谈的是智力。”我们回想脑力劳动时，也总在想象某某人一动不动地坐着。可是，智力培养必须和运动联系起来，并且依赖于运动。教育理论家和教育工作者均应对这一观点有深入的认识，这一点非常重要。

迄今为止，几乎所有教育工作者都认为运动和肌肉系统仅仅是辅助呼吸或血液循环的工具，或者仅仅是增强体力的一种方法。但我们认为，运动对智力的培养极为重要。智力培养和精神培育都有赖于运动，没有运动的滋养，学习进步或身体健康都不可能实现。

如果留意观察孩子，你会清晰地看出他的智力培养是通过运动实现的。例如，在语言能力培养上，我们会发现，孩子的语言理解能力会随着有助于阅读和写作的肌肉的广泛运用而一点点地提高。我们在世界各地都对孩了进行过面对面的观察，结果证实，孩子通过运动来提升理解能力。活动有助于智力的培养，而智力的提高往往又能在运动和活动里找到新的依据。

受人脑指挥的肌肉叫做随意肌，意思是说它们受意志的支配；此外，意志力是智力的最高表现形式，没有意志力，智力也就几乎不存在。

恰当地运用肌肉运动，在一定程度上会影响人的个性发展。

（玛利亚 · 蒙台梭利）

chapter 14

童年之秘

孩子必须经常活动，运动在儿童时代绝对不可或缺。随着孩子自控力量的增强，冲动的力量明显减弱，自控力量与运动冲动渐趋和谐，最终达到运动冲动服从于自控力即意志的状态。

肌肉是指附在身体上的肉，在身体构成中占很大比例。整个骨架和骨骼，都是为了支持肌肉。然而，正因为如此，骨骼也必须融入肌肉所在的系统。人和动物的外形都由骨骼和肌肉构成。肌肉的形状各不相同，其中随意肌的形状最不寻常。这种肌肉数量庞大，多得几乎数不清，而它们不同的形状也引起人们的极大兴趣。有些随意肌粗大，另外一些则极纤细；有的非常短小，有的则呈长条状。所有肌肉起的作用都不相同。如果有一块肌肉往某个方向拉，总会有另一块肌肉朝相反的方向拉。这种相对力量之间的拉拽越是强烈和准确，做出来的动作就越是熟练和灵巧。如果我们长时间重复或“练习”一种新动作，一心希望完成得无懈可击，那么这一动作将能把与之相应的相对力量带入奇妙的和谐境界。在动物身上，这种内在和谐是大自然赋予的，例如，老虎优雅的纵身、松鼠灵巧的跳跃，都是由相对力量的完美均衡所致。这不禁使人想到一种复杂而完美的机械结构，如保持精确走时的时钟。之所以能持续而准确地工作，是因为它拥有一组预先调整好准确度且能完美地逆向运行的齿轮。

所有运动都离不开一套精密而灵巧的机械。但是在人出生时，这些都是不存在的，必须依靠孩子不停地活动来形成和完善。有一股天生的内在力量引导孩子锻炼和完善各种动作，一旦这些动作发生，孩子便通过练习使其日趋熟练，由此达到肌肉协调运作的目的，更重要的是创造了孩子自身，因为在做出这些动作的过程中，孩子自身是最重要的创造性因素。

令人称奇的是，人的动作不像动物的动作那样固定和有限，而是能自主选择和决定需学习的运动项目。有的动物生来擅长攀爬、奔跑或游泳，人却没有这样的天赋和本领。人的天赋只有一样，就是把这些本领全部学会，而且做得比动物更好！可是，这种“多面手”要靠“工作”来造就。通过工作，人们再三操作、反复练习，在这一过程中，人体的肌肉开始越来越和谐地协作。

事实上，没有一个人能完全发挥肌肉的全部功能。这就如同一个人天生就继承了巨额财富、富有得只能消耗其中的部分财富一样，但是这个人可以根据自己的喜好，选择消耗哪部分财富。与动物与生俱来的特殊本领不同，人的本领在很大程度上要靠后天磨炼。一个人也许会成为职业体操运动员，但并非他身上肌肉的能力天生就特别适合学体操；可能当一名职业舞蹈家，但并非天生就有特别适合跳舞的细胞。体操运动员和职业舞蹈家都是借助意志的力量，通过自身的发展和完善而成名的。任何正常人身上的肌肉都有如此无所不能的潜力，想要做什么，便能选择做什么，并自行选定一条前进的道路。他的智慧能够提示和引导他运动能力的发展方向。没有任何能力是预先具备的，但是每种能力又都可能具备，前提是他的意志必须和肌肉合作。

让所有人都走上同一条发展之路，如同让所有人都成为单一种类的动物，这并不符合人的本性。就算许多人都钻研同一门艺术，但每个人探索和进步的方式也都有不同，就像人人都能写字，但每个人都有自己的字体。每个人的个性不同，做事的方式也会不同。

人从事什么工作，可以根据其动作做出判断，这是因为工作是人心智的外在表现形式，只有通过工作，人才会有精神生活。如果一个人的整个肌肉系统尚未得到充分发展，或者只发展了那些从事笨重体力劳动所需的肌肉，那么此人的心智也必定停留在较低层次，即其行动所维持的那一层次。因此，一个人的精神生活要受到工作种类和热爱程度的影响。如果一个人什么也不做，其精神生活就将面临严重危险，因为他平时使用的肌肉可能会退化（尽管从事实上讲，人不可能开发和运用身上的所有肌肉）。一旦肌肉作用的发挥降低到维持必要行动所需的底限以下，人的生命力就极为微弱。鉴于此，体育比赛和运动项目一直是学生在校的必修课，因为它能防止有过多肌肉闲置不用。

纪律和体育

在学校，“体育”这个词通常指一种团队活动，旨在让全班同学共同锻炼身体。

人们发现，从事不同的运动项目可以帮学生消除肌肉的习惯性紧张。学生在教室读书时久坐不动，对身体十分有害，体育便起到了强制补救的作用。旧式教学体制的特点之一，就是一边蛮横地让学生傻坐在课堂上，一边又企图想办法弥补这些老实孩子缺乏运动的不足。

我们的体育项目越来越多元化。比如，我们从英国人那里学到了各种户外活动，还引进了达克罗丝始创的韵律操。但是，这些活动如同娱乐，对生命本身的发展并无影响，与人们的日常生活仍然有些脱离。

为此，我们强调要让体能训练进入孩子的日常生活，与孩子的生活密切联系。运动教学应完全融入孩子个性的培养过程。

人人都承认，孩子必须经常活动，运动在儿童时代绝对不可或缺。随着孩子自控力量的增强，冲动的力量明显减弱，自控力量与运动冲动渐趋和谐，最终达到运动冲动服从于自控力即意志的状态。所以，孩子的成长越健康，其运动机体就越受意志的支配，就算感知到某种外在的压力，也能够抗拒这种压力施加的影响。运动是生命的基础，生命又与世间万物相联，而恰恰是人和动物的运动能力，将人和整个动物王国、植物世界区分开来。由此可见，运动是生命的重要组成部分，但光靠教育是不能起到调节身心的作用的，更糟糕的是，有时候教育甚至会阻碍身心的发展。所以说，教育应容许孩子以正当的方式培育活力，并帮助孩子更有效地运用身体的力量。

天性是教导孩子掌握运动方式的启蒙老师。婴儿总喜欢动个不停，而且像木偶那样很不协调。3 岁的孩子不停地动，时而躺在地上、四处乱跑，时而见到什么摸什么。相比之下，9 岁的孩子已经学会了走路，不再在地上伸展四肢，也不会随意去抓碰到的每件物品。这些转变都是由孩子自己摸索并完成的，独立于任何教育的影响之外。伴随这些转变的发生，孩子的身体比例也开始改变，其中躯干长度和下肢长度的变化尤其明显。新生儿头顶至腰胯之间的长度占身体全长的 65%，或者说，他的腿长是身高的 32%，而大人的躯干长度和下肢长度大致相等。这种比例上的变化是孩子成长的一部分。有个到我们学校学习的 3 岁孩子，腿长占身高的 38%，之后他的双腿成长速度相对加快，最终发展到与躯干几乎等长。孩子 7 岁时，下肢长度占身高的 57%。进入青春期之后，人的躯干增长，达到正常成年人的比例。孩子在成长过程中，对活动的需求具有阶段性特点，我们必须观察他们的自然活动状况，以便帮其发挥潜能。如果孩子双腿短小，便会在站立时努力保持平衡，并且以跑步来掩盖在行走上的不自如。觉得需要休息时，他们就仰躺在地上，伸开四肢并高举双腿。婴儿很自然地喜欢背贴地，手脚在空中相互碰触。3 至 5 岁的孩子则喜欢面朝下以腹部贴地休息，双腿上翘，并不时通过双肘支撑来耸起双肩。孩子喜欢坐在地上，把重量放在交叉放置的双腿或一条侧摆的腿上，这种动作使他们的支撑范围比较宽大。考虑到孩子需要在持续的活动中不时地休息片刻，我们便在“儿童之家”准备了小地毯，平时卷起来放到房子的一角，需要时供他们休息。想在地板上玩耍的孩子不再坐在小桌前面，而是先拿来一块小地毯，摊开后平铺在地板上，之后坐在上面。孩子们都平静地按照自己的本性嬉戏，根本没有大人强制他们改变姿势。

工作与运动

想想就会明白，日常生活中的杂事，确实为我们提供了许多运动的机会。个人的生活环境便是最好的健身场所。我们一直在思考从事什么活动、怎样活动才能达到促进孩子健康成长的目的。卷起一张地毯、擦亮一双鞋子、刷洗盆子或地板、摆餐桌、开关门窗、布置房间、将椅子摆放整齐、拉窗帘、搬动家具等，这些事都是能锻炼整个身体的运动。孩子从做事的习惯中学会活动双手和双臂，这比一般的健身运动更能强健肌肉。不过，不能将日常生活中的练习看成简单的运动，它们是孩子的“工作”。工作令人心情舒畅而且乐此不疲，因为孩子工作完全是出于自身的兴趣。肌肉应当服从大脑的安排，并且保持与个性之间的功能性协调。在孩子所处的环境里，我们必须提供各种活动途径。应当记住的是，“儿童之家”服务的对象是 3 至 6 岁的孩子，目的之一是让他们像一家人那样和谐共融，还有一个目的就是为孩子提供各种发展空间。

在孩子日常生活中，供他们练习所用的各种物品都没有什么特别之处，都是一般家庭常用的东西，但大小完全适合孩子使用。物品的数量多少并不是由我们的教学方法来决定，而是取决于学校资源的丰富和匮乏，再就是以孩子每天的在校时间为依据。如果学校里建有花园，那么过道卫生的维护、花园中草木的修剪以及成熟果实的采摘等，都可以成为孩子现实生活的重要组成部分。倘若每天的时间足够长，连吃晚饭也可以成为练习项目。在所有的日常练习中，吃晚餐是最难、最实在而又最有趣的活动。它涵盖的活动内容很多，比如，用心摆好餐桌、分发食物、文明用餐、清洗并整理餐具等。

工　作

孩子一到学校，便脱下外套和帽子。墙上已经低低地钉好一排小钩，让 3 岁的孩子就能轻松自如地挂好衣帽。洗手池也很矮，甚至没有大人的膝盖高，池边备有小块肥皂、刷指甲的小刷子和小毛巾，都在孩子伸手可及之处。倘若没有配备标准的洗手池，至少也有一个脸盆放在矮桌上，旁边有一个小储水罐，以及一个装过水的容器。其他用品还包括装有两把刷子的一个盒子，以及几个沾在墙上的袋子，袋子里装有小衣刷，孩子们用一只小手就能轻易地拿到。如果空间足够大，会在一张小桌子上放上一面镜子，位置矮到几乎不超过大人的膝盖。孩子坐在地上便能看见自己在镜中的形象。如果头发由于脱帽而蓬乱，或者被街上的风吹乱，便可以对着镜子，用桌上的小发刷和梳子梳理一下。随后，孩子们便穿上工作用的围裙和上衣，准备进教室。

假如教室尚未准备好，孩子们可干的活就多了。花瓶里的花凋谢了，应该扔掉；水已经浑浊，需要更换。钩子上挂有五颜六色的抹布，还有一把颜色鲜艳的鸡毛掸子。选好最称手的工具以后，清洁工作便开始了。哎呀！桌上有一块污渍，必须用肥皂沾水洗净；如果有水滴到地板上，必须立即擦干；如果面包屑或干树叶落在地上，用一把小扫帚扫掉即可。扫帚颜色艳丽，把手上还有装饰用的亮光光的图案，以吸引孩子去拿。有什么东西比绿色畚箕上缀满红点更令人愉悦，又有什么像白毛巾那样洁白美丽呢？由于在时间表上并没有区分早上或下午谁该干什么，所以孩子们便经常环顾四周，看自己的“家”有什么不妥。有一把椅子歪斜不正，便使房间看上去不舒服，可以肯定的是，最小的孩子也会注意到这个细节。最吸引不到3岁的孩子去做的事，以及最让他感到无比自豪的事，就是摆放家具和收拾物品。而这也是活动量最大的日常工作。

从理论上讲，世间万物都在运动，完全静止的东西是不存在的。但如果万物都无序地运动，甚至连活生生的东西都毫无目的地游荡，而缺少造物主在冥冥之中的有序引导，那么世界会变得一团糟。每项活动都有自身独特的功能、特定的目标，同时，在宇宙天地里，各种活动之间维持着一种和谐的平衡，万物和谐相处，便不会违背造物主的初衷。

（玛利亚 · 蒙台梭利）

chapter 15

适合在家进行的幼儿运动

孩子一旦学会走路，立即每天带他到户外散步，一开始或许只能走完一条街，但时间长了便可以逐渐增加距离。

家庭是幼儿最好的活动场所。家长可利用家庭场所，增强年幼孩子的活力，提高他们灵活应变的韧性。这些体能训练应当从婴儿出生便着手，主要包括以下内容。

生完孩子从医院回家的当天，就要制定婴儿的体操训练计划。轻柔地将他的双臂和双腿伸展开来，让他抓紧你的手指，然后把他自己拉起来。鼓励他经常踢踢脚，但不要让衣物成为他的障碍。如果家里阳光明媚，最好在地上铺一张大毛毯，让孩子在上面尽情地伸展四肢。

尽量拓宽孩子的视野。婴儿从降生之日起，就不应限制他的活动空间。对他来说，世界应该是一个寻幽探秘之地，可以自由地探索和开拓。

婴儿逐渐长大，力量开始增加，这时，让他背朝下横卧在你的膝盖和大腿之间，以强健他背部和腹部的肌肉。帮他压下双腿，然后慢慢降低放在他后背下面的膝盖。他的反应会是：让自己平躺以消除地心引力，以免倒在地上。压下他的上身，放低支持他屁股和双腿的膝盖，他便抬高双腿以防止身体下跌。接着，把他翻过身来趴在你腿上，并重复同一过程。按下上身，放低双腿。之后，支撑他的双腿、放低膝盖。每天重复这一过程两三次。家长不能为方便婴儿爬行而到商店购买围栏，可以在婴儿房铺上毯子让他爬。将可能倒下压住幼儿的家具搬开。一切准备妥当之后，便可以放手让他自由地爬行。

孩子一旦学会走路，立即每天带他到户外散步，一开始或许只能走完一条街，但时间长了便可以逐渐增加距离。提前确定一个恰当的目的地，例如，看望其他孩子或拜访你的朋友，也可以找一块岩石让孩子爬，或者让他在公园的草地上自由奔跑。要注意的是，必须让孩子自己走回来，可以先从短距离起以保护孩子步行的积极性。路过矮墙或围栏时，可以帮孩子攀爬并在上面平衡地行走。总之，路上每一件可以利用的东西都不要放过。一旦孩子能轻松自如地完成这些动作，就会乐此不疲、不需要你帮忙了。这才是防止幼儿受伤的最佳方法。与从未受过锻炼的孩子相比，一个能信心百倍地保持身体平衡的孩子，对外界突然变化的快速反应能力要强得多。

在室内，孩子应该有一块健身用的软垫，上面盖上一层细纹帆布或粗厚的斜纹棉布以增强美感。初学走路的幼儿可以在垫子上学习打滚、翻跟头。让他把脑袋和双手撑在地板上，屁股翘起，你在旁边轻轻一推就能让他翻过身来。如果等他长高、身体不再灵活和柔韧时再练习这些项目，难度就要大得多。

允许孩子有自由活动的时间和空间，并且尽量不受衣服的妨碍。家长要经常和孩子一起做游戏，并用轻柔而又有力的双手提供帮助。孩子应当从一开始就能确认那双大手绝对不会松开而任由他摔倒。孩子一旦学会爬行，就可以带他用推独轮推车做健身运动。大人托起他的下半身，使其离开地面几寸距离，然后用手托住他的屁股往前走，但要防止他趴倒在地，压扁鼻子，这个游戏会很受孩子喜爱。等到他力气够大时，可以紧抓他的双腿，让他靠双臂、双肩、背部和腹部的力量往前爬，而你拉住他的脚踝，动作如同推一架传统的手推车。

现在介绍简易楼梯的制作方法。把一个矮盒子放在一把椅子前面，椅子旁边放一张桌子。将其视为一种竞赛游戏，全家人一起玩。这是一种很好的体能训练，可以使孩子的双肩、双臂、屁股结实和强壮。

天长日久，孩子的双臂和双肩经过手推车运动锻炼，开始结实起来，于是双腿能够越举越高，最后发展到能以双手做倒立动作。这种运动项目需要双手和双膝有足够强的力量。告诉孩子保持双臂伸直。随后，在他面前的垫子上放一件小物品。当你慢慢将他的一条腿举向空中时，告诉他紧盯那件物品，以便引导他紧缩臀部和背部的肌肉，从而将另一条腿抬起来。双眼紧盯物品能保持他头部离地。不久，家里就会增加一个“以手站立的能人”。这种运动能增强孩子的勇气和自信。

在这一阶段，趁着幼儿筋骨柔软，让他开始练习将身体拱成“桥”状。孩子仰卧在垫子上，向下抬起双脚、靠近屁股，同时将双手放在头部两侧，手指朝向双肩。你将双手伸到他背部的下方，托起他向上隆成“桥”状，或称为“背弓”状。

在这里，我们建议家长亲自动手，制作家庭健身单杠，单杠的位置可以装在门框上。

其具体制作方法为：首先是制作三套用于支撑的凹槽，可以用厚度为 0.75 英寸的木板削凿而成。可以将一套安装在和孩子胸部平齐的高度，第二套装在他手能够得着的上方几英寸处，第三套则装在离门框上方 6 英寸的高度。

很小的孩子通常无法双手吊在单杠上，以双臂的力量做引体向上至下颌与杠平齐。因此，可以充分利用处于中间位置的单杠，使孩子能双手抓紧。家长在一旁帮他向上提升身体，直到下巴处于单杠以上。然后告诉孩子尽量让身体慢慢下降。鼓励他尽可能做得“很”慢。只要每天练习这种“逐渐降低高度”的训练项目三四次，时间一长，他便能通过这种训练，积攒提拉身体的足够体力，靠自己将下巴提升过单杠，但家长要不时抽空看他练习并在一旁鼓励。这时，父母的赞赏和鼓励对增强孩子的能力极为重要。

利用位置较低的单杠，让孩子吊住双手并提起双腿，然后在一旁推他的双腿，使其穿过孩子的双臂向上举至足够的高度，使他能用双腿弯曲的姿势钩住单杠。把双手放在他的脖子和后背的下方，以免他不慎摔下来。

当孩子以膝盖钩住单杠时，你用左手抓住他双脚往下按，右手则一直放在他脖子下面提供保护。鼓励他放开双手，只用膝盖向后钩住单杠。一旦他确定你不会放开他的双脚，就会松弛而悠闲地吊挂在单杠上。后来，他慢慢不再需要你用手在身后扶持。再后来，没有你的帮助他终于也能用膝盖吊挂在单杠上了。这种练习需要大人不时地打气，特别在刚开始时更是如此。只要孩子勇气倍增，不再害怕用膝盖吊挂在单杠上，长大后才能天不怕地不怕。还可以将单杠当成中心支撑点，让孩子学习“旋转”技巧。让他晃动起来，直到重心都落在伸直的双臂上。然后身体前倾靠在单杠上，绕着单杠使身体下滑，同时双脚落下并着地。反复练习后，他便能像车轮那样反复地杠上旋转。此后，可练习难度更大的单杠运动。这些运动对双臂、手腕和双肩的锻炼效果都很好。除增强双肩和双臂的力量外（还能促进女孩子的胸部发育），更重要的是这种运动能培养孩子的自律精神。

进行这些运动和其他单杠运动时，一定记住要在地上放垫子。

“俯卧撑”与吊单杠运动有些相似。孩子通常先要掌握“在杠上缓慢下降”的要领，然后再练习“俯卧撑”。做该动作时，双脚要靠脚趾来保持平衡，双手对齐双肩，手掌平放在地上。家长坚持帮年幼孩子每天做 3 次“俯卧撑”，要不了多久，孩子的身体就能令人惊奇地自然上挺。

有人认为这种运动项目做起来太吃力，不适于女孩，事实并非如此。通常情况下，家长作为“体育教练”，可以在孩子还不完全具备做该动作的条件时降低标准，以便孩子能容易完成。任何乐意拥有好身材的女孩，应该都愿意从脚趾练习开始学做俯卧撑，因为她根本没有什么理由不学。

如果你家院子里有围墙，要鼓励孩子攀爬，并学会在墙上行走。如果条件不具备，可以动手做一道木围墙。木墙不要太高，厚度为 3 英寸左右。可在制作时分为顶部和中部两个部分，每隔 4 英寸左右装上支柱。木墙必须安全牢固，并设在远离利器和危险物品的地方。如果做得较高，在练习攀爬时还可以用来当跳马，那就更好了。

孩子应能在墙上前后行走，或以双手支撑跨越，还可以像猫那样在上面爬行。木墙长度为 15 至 20 英尺时效果最佳。

假如你家后院有一棵大树，试着在上面安装能上下攀爬的缆索。这种攀爬运动可专门预防孩子体质虚弱或者扁平足等生理缺陷。

在最牢固的树枝上系上两条约 1 英寸粗的绳索。在两根绳索末端的下方，挖一个深度为 3 英尺的洞。在洞里埋一个有相当重量的硬物，最好是用水泥砌成台子，然后在上面钉 2 个带眼的螺钉，其上顶点必须超出地面，然后在上面覆盖柔软的细沙，以减少孩子滑落或下坠的危险。让孩子用双腿和双脚攀爬绳索。该项目用到的腿部肌肉，是支撑脚底的重要力量来源，孩子的双脚会因这一练习变得更加强壮。

轮滑项目训练对平衡能力、协调能力、体力、自信心和节奏感的培养都是不错的选择。计划建一条新车道时，可以建造得宽阔些，并保证有平滑的水泥地面。这种车道既能当溜冰场和篮球场使用，又可以供孩子在地上用粉笔涂鸦或者玩各种游戏。如果你不喜欢孩子用粉笔，可以换成颜色鲜艳的漆料，在地上画出线条，供孩子使用。与其让他们久坐看电视或者看漫画书，不如提供一块令其放松和愉悦的嬉戏场地。

将孩子带到空旷的场地上，对他说："你跑过去然后再跑回来，我给你计时。看看今天你来回跑一趟花多长时间。"倘若今天他跑完全程的时间是 47 秒，那么 3 周前这一时间可能是 100 秒甚至更长。将这些成绩全都记录下来。

帮孩子设计一张进度表，将每项运动项目的名称和成绩记下来。可以用普通的活页纸来制作，也可以设计成表格。

将孩子的表现认真地记录在进度表上。对父母来说，一张成绩优秀的进度表可以是一份精美的生日礼物；而对孩子来说，这则是一种至高无上的奖励，使他知道自己的进步到底有多大。

此外，后院还能用于做各类田径运动，其中，跳高和跳远都是很好的选择。

（邦妮 · 普登）

chapter 16

乐在步行

步行带来的精神上的满足感和乐趣，使所有运动器官产生的感觉中是美妙的。

有一次，我在日本仔细观察了一位父亲的举动。当时，他带着年仅一岁半的小儿子外出散步。走着走着，孩子突然紧抱住父亲的腿。父亲停下来，站住不动，好让孩子能爬在腿上。等到孩子玩够了，父子继续慢步前行。又过了一会儿，孩子在路边坐下，父亲则陪在身旁。父亲的面孔始终严肃而自然，看不出他在做什么不寻常的事，只是简单地带孩子散步而已。

步行带来的精神上的满足感和乐趣，使所有运动器官产生的感觉中是美妙的。

多让孩子练习步行的基本动作，帮助他们通过各种协调活动掌握身体的平衡技巧，这便是带孩子散步的意义所在。

人完成平衡行走的任务全凭一双脚，因为人没有任何其他支点。四足动物行走时，会同时举起呈对角线位置的两条腿，另两条腿则着地，由此使身体同时置于两个支点上。人在行走时，体重却要先放在某一只脚上，然后再换成另一只脚。要想弥补与动物相比在身体平衡能力上的差距，要依靠人的自然本性，更要凭借人的本能和长期锻炼的意志力。

孩子的直立行走能力并非先天性的，而是靠后天真切地走路而锻炼出来的。孩子迈出令全家人欢欣鼓舞的第一步时，完全可以说是克服“先天不足”的一大胜利，同时也宣告着一个精力充沛、动静自如的新生命的诞生。从此，孩子摆脱了原本迟钝的无助状态，踏上全新的人生征程。这种新本领的掌握，在生理学上是孩子正常发育的指标之一。人类持久稳定地站立的能力是长期练习的结果，有赖于个人努力。我们都知道，孩子是带着一种不可抗拒的动力和勇气开始行走的。他生性大胆，甚至可以说鲁莽；他是个勇敢的士兵，义无反顾地去追求胜利。正因为如此，大人出于保护孩子的心理，会采取许多限制性措施，但却事与愿违地为孩子设置了重重障碍。甚至当孩子的双腿结实有力时，仍然会被封闭在围栏里面，或者外出时被捆在婴儿车上。

这种情况之所以会出现，主要是因为孩子的步幅比大人的步幅小得多，同时也因为孩子持续步行能力较差，不适宜远距离散步，还由于大人不愿意改变步伐去迁就孩子。就算是受过儿童护理专业训练的护士，仍然需要孩子调整走路方式去适应她，而不是她来适应孩子。护士会按照自己的步调推着婴儿车往前走，让孩子坐在车里，像是将某种优质水果推到市场上去销售。只有在到达自己的目的地时护士才会坐下，让孩子在她的视野范围内四处走走或嬉戏。这样做充其量只考虑到孩子肉体的需求，或者说考虑到他生理上的生命，因为孩子脆弱的生命必须受到大人的保护，以防止任何可能的外在危险。但对于他精神生活的基本需求和种种其他需要，大人却弃之不顾。

1 岁半到 2 岁大的孩子能步行的距离长达 1 英里，并且能顺利通过比较困难的障碍，如斜坡或台阶。然而，他们走路的目的却与大人的大相径庭。大人走路是为了到达户外某个目的地，所以会取捷径一直走向那里。此外，大人有大人的走路节奏，近乎机械般地带着自己往前走。而孩子走路的目的则是培养各种能力以及塑造自我。他慢吞吞地朝前走，既没有固定的步调，也没有明确的到达地点，只不过受到周围宜人景物的吸引而身不由己地前行。如果大人真正想帮助孩子，就一定要改变自己的步调、放弃自己的目的。

我认识一对年轻夫妇，他们最大的孩子才 1 岁半。夏天去海边玩的时候，夫妻俩必须在无法依靠任何交通工具的情况下，走 1 英里左右的陡峭道路下山。这对年轻夫妇想带婴儿一同前往，可是抱孩子又是很累人的差事。最后还是孩子自己解决了这个难题，那就是独自走完全程。每隔片刻，他就会停下来看看花儿，或者坐在绿茵茵的草地上，或者站着观察动物。有一次，他光是看一头驴子吃草，就站了整整 15 分钟。就这样，这个幼小的孩子经常步行往返于这条又长又难走的小路，却丝毫没有疲惫之感。

我还见过两个两三岁大的孩子，能走的路程甚至超过了 1 英里。而有时候，仅仅一段又陡又窄的楼梯，孩子就差不多要花 1 小时才能走完。

一说到楼梯，我不禁想起这又是脾气焦躁的母亲指责孩子“调皮”的理由之一。一次，有位女士向我请教她刚学会走路的小女儿为什么经常莫名其妙地乱发脾气。这孩子每次看见一排楼梯就厉声尖叫，倘若大人抱着她上下楼梯，她就非常恼火。她母亲以为这只是一种巧合，因为她想不出孩子有什么哭闹和挣扎的理由。可是，事情很快便水落石出：小女孩的理由很简单，那就是想自己上下楼梯。对她而言，楼梯是最吸引人的地方，上面有那么多扶手可以用双手抓握，简直比野外草地的吸引力还要大，因为在野外的草地上，她的双脚会陷在草里，而双手又没有任何东西可以依附。只不过相对而言，草地是唯一能让她不被大人抱在臂弯里或“囚禁”在娃娃车里而可以四处自由活动的场所罢了。

孩子走路和跑步的欲望非常强烈。户外一排露天的楼梯上，总有许多孩子走上走下，甚至当成滑梯向下滑。衣衫褴褛的穷孩子往往能够在重重障碍中找到进出的通道，善于躲避将至的危险，不惜体力地奔跑，甚至攀附在移动的车身上，这与有钱人家孩子那种缺乏活力、胆小怯懦甚至懒惰懈怠的表现大不相同。因此，以下两种情况对孩子的个性培养都没有好处：一种是当“撒手掌柜”，弃孩子于不顾，任由他生活在不良甚至危险的环境中；另一种则走向另一个极端，即一心要救他脱离这种危险环境，却由于采取的保护性措施太多，反而使孩子压抑和封闭。

（玛利亚 · 蒙台梭利）

PART 5

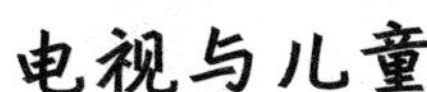

电视与儿童

电视屏幕的主要危险并不在于它制造什么，而在于它阻碍什么，电视机一打开，孩子转变成大人的道路便会关闭。从好处看，“电视体验”似乎与孩子的需要没有关联，但从坏处想，它对孩子的成长相当不利。倘若为了家长和孩子而努力把电视节目制作得更有吸引力，那就只会导致家长更加放心地让电视当“保姆”，而孩子则更会受到电视的禁锢。

chapter 17

问题不在于你看什么

孩子本来需要发展自我引导力，以摆脱依赖性的束缚，但“电视体验”却在帮倒忙，让孩子永远陷于依赖而不能自拔。

说起电视对孩子的影响，人们关注的目光几乎都集中在孩子所看节目的内容上，对“电视体验”的实质却很少谈及。也许这部电器中不断变化的声光影像，能使观众产生一种凌乱而疯狂的幻觉体验，因为频繁转换的各种形象刺激着人的眼睛，混杂的各种声音撞击着人的耳膜。一个容易让人忽略但一直又在蒙蔽着我们的事实是：看电视就是看电视，通过这种活动不会获得任何体验。不论节目是芝麻街、超人还是大力水手，看电视的体验都大致相同，即眼、耳、脑等一些特定的生理结构对电视屏幕发出的影像刺激产生反应，而不管节目内容究竟是什么。这是一种单向传播方式，只要求你以一种特殊的形式接受特殊的感官素材。在孩子的日常生活中，确实再也找不出其他像看电视一样的体验，让他们能接受那么多而只需要付出那么少了。

在美国，学龄前儿童是最大的电视观众群体，在一天清醒的时间内，他们比任何其他年龄段的人花在看电视上的时间都要多。即便是最保守的估计，也都表明美国学龄前儿童除了睡觉之外，将超过 1/3 的时间都花在看电视上。

虽然家长对电视给孩子造成的负面影响深感不安，但也只是关心孩子所看节目的内容是什么，不太在意所谓的“电视体验”是怎么回事。家长最初开始重视电视内容，主要是因为有一个重要性日益提升的家长游说团体积极开展了宣传活动。这个组织的全名叫做“关心孩子观看电视行动组织”，简称

ACT。该组织于1968年由居住在波士顿的一群母亲组成，是由创立者皆因对电视之害颇有同感而决定成立的。她们的孩子花在看电视上的时间太多，而儿童节目中暴力充斥的程度又极为惊人，加上随时插播的电视广告，更诱惑着孩子们向家长索要各种不良食品和劣质玩具。

在孩子丝毫未受到保护的情况下，我们硬是把他们推给那些擅长影响民意的专家，而这些专家又一直在以各种手段吸引并抓住人们的注意，以便形成某种大众化品味和一套商业化导向的价值观。我们听任孩子置身于最具催眠效果的场景、稀奇古怪的情节、杂乱无章的人际关系以及最具煽动性的活动中，受其迷惑而神不守舍。

作为ACT的创始人之一，一位女士在声明ACT的目标时讲了这样一番话，足以证明该组织所持观点存在逻辑错误。她说："我们发现，孩子们看的一大堆电视节目都不是专门为他们设计的，因此家长有权要求相关单位制作能满足孩子特殊需要的节目，至少在白天或傍晚能提供几小时的合适的节目给年幼的孩子。"

家长要求制作更好的节目，这不正好以满足特殊要求的方式，将孩子抛向险境么？事实上，年幼的孩子看那么长时间的电视，这本身便说明家长需要为孩子寻找一种便利的娱乐来源，同时也给自己片刻难得的安宁。其次，孩子长时间安静而被动地看电视可能带来的负面影响，又似乎在折磨着父母，使他们为孩子焦虑不已，于是，为缓解这种情绪，家长便竭力希望孩子看的电视节目不那么让人厌烦。

另一方面，幼儿的需要却完全不同。成长中的孩子希望有机会了解家庭成员间的关系，并通过这种方式了解自己。而"电视体验"只能使这种机会大大减少。

孩子本来需要发展自我引导力，以摆脱依赖性的束缚，但"电视体验"却在帮倒忙，让孩子永远陷于依赖而不能自拔。

孩子需要掌握基本的沟通技巧（例如读、写以及流畅而清晰地自我表达），以便发挥自身的社会生活功能，但"电视体验"却丝毫不能帮助他们提高口语能力，因为"看"电视只要求他们被动地接受，不要求他们进行任何口头上的参与。孩子需要发现自己的强项和弱点，以便能像大人那样在工作和娱乐中得到满足，但看电视绝对不会有益于他的自我发现，而只可能限制他参与现实生活中的各项活动，从而丧失在真情实景中检验自身能力的良机。

其实，孩子自身的想象行为比电视上大人提供的幻想节目，更能满足他对幻想的需要；孩子通过操作、接触、活动而身体力行地学习，绝对比只是被动看电视更能满足对智力刺激的需要。

孩子需要学习家庭生活技巧，以便将来能成为成功的家长。在这一方面，同样需要考虑“电视体验”对他们造成的负面影响。这些技巧是他当前参与家庭生活的结果，更是他作为家庭一员的亲身体会并在日常生活中积累的成果。毋庸置疑，电视对家庭生活的影响是破坏性的，因为它使丰富而生动的家庭生活大打折扣。

电视屏幕的主要危险并不在于它制造什么，而在于它阻碍什么，电视机一打开，孩子转变成大人的道路便会关闭。

通过上述分析，可以看出 ACT 组织以及由于关注此问题而满心支持 ACT 行动的家长和教育家在秉持的信念和努力的方向上，都走进了误区。从好处看，“电视体验”似乎与孩子的需要没有关联，但从坏处想，它对孩子的成长相当不利。倘若为了家长和孩子而努力把电视节目制作得更有吸引力，那就只会导致家长更加放心地让电视当“保姆”，而孩子则更会受到电视的禁锢。

一个有意思的现象是：对儿童节目质量漠不关心的业内人员，反而可能比极力要求随时提供优质儿童节目的人更有利于孩子，这是因为，枯燥而无聊的节目越多，就越迫使观众自我节制。假如电视屏幕上到处都是低劣的节目，那么责任心强的家长限制孩子看电视的可能性就会更大。

ACT 从一个弱小的地方利益团体起步，发展成为一个影响力颇大的全国性组织，得到知名基金会和单个住户的广泛支持。加入 ACT 组织的母亲们一开始的确很关注自家孩子看电视的时间，可是 ACT 的活动方向很快便转为强调儿童节目的地位、作用，尤其是致力于消除电视中的暴力倾向和商业化，鼓励为孩子制作更多更好的娱乐节目。

在这样一种趋势面前，家长和教育工作者都怀着无比感激的心情和热情竞相支持 ACT。谁能想到 ACT 努力的结果不但没有减轻困扰美国家庭的电视问题，反而有助纣为虐之嫌呢？

电视这个能哄逗孩子、平定他们情绪的玩意儿如此奇妙，只要你一按开关，就能让一个反复无常的3岁孩子转眼间服服帖帖，难怪家长在日常生活中越来越离不开它。他们日复一日地使用电视机，使它在孩子的生活中越来越重要。电视作为一种最初能帮助家长得到片刻休息、给孩子提供节目的简单娱乐来源，逐渐成为家庭生活中一个强有力的却同时在制造家庭分裂的存在体。虽然家长越来越厌恶电视对家庭生活的干扰，并且由于管不住孩子看电视而产生相当强烈的负罪感，但他们并没有采取实质步骤让孩子摆脱电视的控制。少了电视，孩子根本不知道该如何打发时间。

对家长而言，电视确实是一剂难以抗拒的麻醉药，但奇怪的是，麻醉的方式不是通过家长自己观看（当然，这种情况也很常见），而是通过异常安静地坐在电视机前扇形排开观看节目的孩子。说真的，世上再也没有比这更无形而又更狡猾的药物了，因为你必须通过别人服用药物来使自己获得药效。

家长在考虑电视对孩子的影响时，往往过分强调电视内容的重要性，因为他们以为孩子看电视的体验和自己的一模一样。但实际上，两者却有本质上的不同，因为家长有多年累积的丰富而真切的人生体验，孩子却没有。大人在看电视时，会将现在和过去的种种人生经历、人际关系、亲身体验乃至梦想和幻想统统掺加进去，将接收到的所有信息全都转化成反映自身特殊内在需求的东西，而不顾这些信息的来源或目的是什么。相比之下，幼儿的生活经验却非常有限，他刚刚走出婴儿期口语能力形成前的迷雾，便以不停观看电视作为主要活动，这真是一件令人不安的事。日后现实生活中的行为将会勾起他对电视体验的记忆，这与成年电视观众的情况恰恰相反。从某种程度看，孩子早期的电视体验会迫使他变得不懂人情世故并且行事机械，当他在生活中遇到现实困难和复杂的人际关系时，会产生不真实感。对这种孩子来说，真实事件总是会微妙地和电视中的虚幻世界相呼应。

（马瑞·温）

chapter 18

活动、智力和手

要想了解孩子的内心，并引导孩子更加茁壮地成长，父母应当领悟造物主的安排，熟知每种生命之所以存在，都是由于它们的社会实践具有服务于个体、服务于群体的双重功能。

马瑞·温和玛利亚·蒙台梭利在讨论有关电视的问题时，出发点都是一样的。他们先对孩子的需求进行明确界定，然后再衡量电视的价值，看二者是否相符。孩子身体被动地坐在电视机前，这违反了蒙台梭利儿童发展学说的一条重要原则，即一个人双手的灵巧程度与其心智的发展密切相关。

人的活动不像动物那样固定和受限，人可以自主决定并自行选择哪些行为需要他学习并掌握，这一点非常奇妙。有些动物具备某种特殊的天赋，如善于爬行、奔跑或游泳，人并没有这种与生俱来的能力，但人却有一项其他动物比不上的天赋，那就是：所有这些活动人全部都能学会，而且做得比动物还要好。不过，这种多才多艺的本领要依靠“工作”来实现。掌握每一项才艺都需要人付出努力，通过不断重复地“操作”后才能驾轻就熟。在这个过程中，人的肌肉会通过相互配合而逐渐变得协调一致，因为人体内的神经系统可以通过无意识的方式找到需要协调的动作，然后再通过意志促使人付诸行动。

有很多人都潜心钻研同一门艺术，但每个人走出的路却互不相同。这一点在书写上体现得很清楚。虽然除了文盲之外每个人都会写字，但写出来的字体却各式各样。每个人的个性不同，做事的方式自然也不同。

从一个人做事的方式可以看出他所从事工作的性质，因为工作是人内心活动的表达。现在，重要的问题在于，孩子努力做出的动作在他们的智力培养中扮演着重要角色，并且使他们在生活中的贯彻执行能力得到提高。一方面，如果只是空想而不实践，思想和行动就会脱节；另一方面，如果不三思而后行，做事不受思想的引导，同样也会造成伤害。任何人接触周围的环境并与别人交往或联系时，"活动"的作用都显得极为重要，因此，应当以此为出发点来培养孩子的行事能力，其目的在于帮助他们建立与外部世界的联系。"活动"能力是生物和非生物之间的最大区别。然而，生物的活动并非漫无目的、率性而为，而是有着明确的目标，生物的生命进程都要遵循自然规律。

工作和活动有着不可分割的关系。人的生命乃至整个人类社会的延续都与活动密切相关。社会秩序之所以存在，主要是因为人能够从事目的坚定、方向明确的活动。个体在社会舞台上实施自己的行为，可以实现个人和社会的双重目标。我们这里所说的"行为"，指的是人或者动物的行为，即有目的的活动。这种行为是人活动的核心内容，它并不局限于仅仅满足个人的需要，而是具备既有益于个体、也有益于群体的双重含义。例如，整洁是人们对家居生活的基本要求，而通过劳动来保持家居四周环境的整洁，就是有目的的社会行为。这种劳动可以满足个体整洁的需要，同时又能使他人受益。除此之外，人的工作只能算是一种身体锻炼。舞蹈是所有人类活动中最具个性色彩的，但是倘若没有观众，再优美的舞姿也是漫无目的的，换句话说，它缺少了为社会服务这一目标。

要想了解孩子的内心，并引导孩子更加茁壮地成长，父母应当领悟造物主的安排，熟知每种生命之所以存在，都是由于它们的社会实践具有服务于个体、服务于群体的双重功能。

手的灵巧程度与人的智力直接相关，但相关的因素不止这一个。手的灵巧程度还与地球上不同地方、不同时代的人所选择的不同生活方式相关。人类双手的技巧与智力发展密切关联，从历史的角度看，我们还能发现人手与人类文明发展的关系。人用双手表达内心思想，从人在地球上降生时起，双手留下的痕迹就会载入史册。在人类历史上，每一个伟大的文明新阶段，都会留下所处时代的典型的手工制品。

再回到前面的问题上来。电视产生的一系列问题，说穿了并不是广告和节目的编排制作质量问题，也不是显像管传播出来的暴力倾向（当然，这些的确让人厌恶），而是孩子浪费在电视屏幕前的时间是无价之宝。孩子本来可以利用这些时间锻炼身体、增进智慧、与人交往，但他们却白白地浪费在看电视上。

手工技巧与智力发育

手工技巧的发展和智力的发展相辅相成。当然，完成越是精巧的工作，就越需要聪明的心去关注和引导双手的动作。欧洲在中世纪时曾经历过一个伟大的智力复苏期，体现新思想、新观念的书刊和手稿，都曾以金色、银色或其他鲜艳色彩进行精美的装饰。孩子作为心灵自由的一种客观存在，需要通过某种工作来进行自我实现，从而必须用到双手。我们随处可见人类手工的历史遗迹，并能从这些遗迹中窥见那个时代的精神和思潮。

人手与人的智力、精神生活和内心情感相伴，而通过人手存留下来的痕迹又显露出人的客观存在。可以看到，人类环境的所有改变，都是人的双手创造出来的。甚至可以说，似乎智慧的全部作用，就在于引导双手去工作。假如人类只通过语言沟通，或者说，假如人类的智慧仅仅通过语言来表达，那么当今便不会存有过去年代的任何遗迹。所以说，幸亏有随着智慧而活动的双手，人类文明才得以延续和发展，手永远是我们继承这些伟大历史遗产的媒介。

手和人的智力生活相关。因此，要研究孩子心理的发展，就必须研究双手的活动，因为手的活动是通过思想的激发而产生的。没有比这一点更能清楚体现出二者是如何紧密地交织在一起的。

当然，少了手的帮助，孩子的智力也能发展到一定水平，但如果智力能和手一起发展，那么可以达到更高的水平会，孩子的个性也会磨砺得更坚强。我们往往以为这个问题纯属心理学范畴，但事实却证明：如果孩子找不到机会将活动能力运用于和四周环境相关的事物上，那么他的个性将永远停留在不完善的发展阶段。如果孩子不能使用双手，其个性会停留在较低层次，其外在表现就是缺少服从力、原创力，而且惰性大、郁郁寡欢。相比而言，那些能用双手工作的孩子的个性发展则一帆风顺，甚至能达到出众的程度。鉴于此，研究儿童问题需要从两条发展路线着手，一条是手的灵巧程度的发展，另一条是平衡行走能力的发展。通过观察发现，只有孩子在长到 1 岁半时，这两条路线才会产生交叉。这时，孩子企图用双手搬动重物，而双腿必须给予支持和配合。腿是他天生的交通工具，能带他到能工作的任何地方，但工作最终还要靠双手来完成。人死之后留下来证明他在世上走过一趟的标记，正是他用双手完成的工作。

只有通过行动而不是通过旁观静思的领悟，我们才能了解这个世界，这一点我们必须懂得。手比眼更重要，因为正是通过手的牵引，大脑的进化才随之而来。如前所述，手在使用工具时，已经成为一种发现的利器。我们经常看到，孩子在时刻学习将手和工具结合在一起，比如系鞋带、穿针线、放风筝或者做游戏。在身体力行的实践活动中，在追求炉火纯青地掌握技能的过程中，孩子享受到了极大的乐趣。其实，这正是从事每种艺术和科学的基本要求！我们为人类无与伦比的动手能力感到喜悦，因为人无所不能，因为有双手作为心智的刀刃。

听觉和视觉

在对语言的研究中，我们发现语言主要和听觉有关。相比之下，行动和视觉有关，因为我们随时都要看清双脚该踏在什么地方，工作时也要看清双手在做什么。

在孩子的心理发展上，听觉和视觉这两种感官最受关注。首先要培养孩子观察四周事物的能力，因为他必须认识自己即将四处活动的这个世界。在首次活动之前，他先进行一番观察，等到开始活动时，就可以用所掌握的知识和所能感觉到的事物来提供指导。不过，环顾四周以确定自身位置的能力以及之后行动能力的具备，都要取决于前一阶段智力发展的程度。这就是新生儿最初只躺着不动，后来却能顺着内心智慧的引导移动的原因。

婴儿开始活动的第一个信号是他努力地去抓东西。一直到出现抓东西的动作时，婴儿才会注意自己的手。他抓东西的动作开始是不自觉的，后来慢慢变成了有意识的行为。留心观察孩子就会发现，最先引起他注意的是他的手而不是脚。一旦领悟到这一点，抓东西的动作便会继续，而且不再是本能的反应，而变为有目的的行动。长到 10 个月大时，婴儿便喜欢好奇地观察周围的世界，并且渴望掌控它。此时，在内心期望推动下进行的有目的的抓东西动作，便不再只是单纯的抓取，而变成手的真实动作，其中抓取四处移动的物体最有代表性。在对身边环境拥有清晰的视野并充满向往之后，孩子便开始行动。在这段时间里，他的双手忙得不亦乐乎。他有各种工作要做，例如，将橱柜、盒盖打开又关上，将五斗橱的抽屉拉出又推进，将瓶口的塞子拔出又塞回，从篮子里把东西拿出又装进。通过这些锻炼，他控制双手的技巧越来越纯熟。

现在，他已经进入另一个独立的阶段，因为独立的本质就是能自己做事。孩子凭借不断的付出和努力来实现独立，而在无人帮助的情况下做成一件事，本身就意味着独立。如果实现了这种独立，孩子便能快速进步；如果不能实现，他的进步就会异常缓慢。由此大人知道，千万不要在不必要的情况下为孩子提供帮助。孩子想自己走路，就该让他试着走，因为任何练习都能促进他能力的提高。在具备了基本能力之后，练习仍然必不可少。观察结果显示，孩子长到一岁半时，一种对手臂和双脚的发展极为重要的新要素——力量便开始出现。活泼好动且手脚灵活的孩子，会觉得自己有力量。不论做什么，他的主要目的都不只是练习，而是将一切能力发挥到极致（这和大人是多么的不同）。过去在大人带领下四处奔跑时，孩子靠用眼观察外部世界汲取知识，如今他已经表现出一种不可抗拒的倾向，即渴望用手触摸每一个物体，并在每个物体上都停留片刻。他始终忙碌而快乐，总在用双手做事。他的智力不再靠存在来发展，而是需要大量事物来提供活动的理由和目的。这是因为，此时还只是心理和智力的形成时期，这些东西还有待进一步发展。

如此，各个阶段接二连三地出现：先是孩子的身体和感官做好准备，之后他变得强壮有力，再之后他学会观察别人，最后他开始自己做事。在天性的促动甚至暗示之下，他开始进行体能训练，如爬椅子、上楼梯。随后，他进入一个新阶段，觉得自己需要做点事情。好像孩子在自言自语地说："我准备好了，现在我要跨越这个阶段，自由地进入下一个阶段。"

（玛利亚 · 蒙台梭利）

chapter 19

想象力、电视和较大孩子

培养孩子的聪明才智时，最好让孩子的智力通过亲自实践和参与来发展。千万不要忘记，电视虽然是一种好工具，但终究不能满足孩子积极参与各种活动的需要，而只适合作为一种辅助手段，一种小小的乐趣，一段简短的间奏。

许多家长采取消极防护措施来对抗电视的毒害，例如，在家中的电视利用率太高时将电视遥控器拆掉，或者把显像管拿出来放进长期闲置的柜子，碰上特别敏感的家长，干脆就剪掉电视插头，让它永远无用武之地，以此来对付这个花花绿绿的“怪兽”。在限制孩子看电视这件事情上，人们最容易忽视的一个事实是：电视其实未必是万恶之源，因为它是文化的一部分，应该受到比抨击蒙台梭利团体更好的待遇。

但是对学龄前儿童而言，电视确实应该受到谴责。当一个 4 岁大的孩子受到颜色、动作和声音形成的环境的诱惑时，我们根本不能说他在通过观赏的形式学知识。事实上，电视影像给人带来的瞬间快感很容易引诱孩子，使他的心和眼不能发挥应有的作用，没有与手的良好运用相配合，并且抑制了他想通过读书来学习的欲望。长此以往，在想象力还没有机会在小学阶段彰显以前，学龄前儿童就由于成天浸泡在喧闹、粗俗的“商业化”的影像中，而永远丧失了运用“真实想象力”的能力。“真实想象力”能使上小学的孩子顺利成长到一个较高的思维层次。在这个较高的思维层次，智力活动的范围不再局限于身边的环境，而进入跨越时空的宇宙领域。想象力使我们能够穿越历史时空。想想本·富兰克林对衣着是何等漫不经心，而亚伯拉罕·林肯又是何等卓尔不群、才华洋溢。书写的文字能让思维在飘忽间进入鲜明、独特的情景再现之中。电视却没有这些功能，因为它把想象力定格在实时的影像上。由于人的思维无法离开屏幕，因此，上历史课、读故事书所能激发的抽象而生动的想象力，在由矩阵光点形成的、只有你去收看时才有实际意义的电视画面中消失得无影无踪。或许电视节目中对丹尼尔·彭的刻画稍有历史感，或者当代蝙蝠侠也稍微有点全球性，但是从不保留细节的电视节目给人留下的思维创造空间实在太有限。在电视上看一个肯塔基州老伐木工人在树上做记号以标示路径，观众无需动什么脑子，而从印刷的文字中摘录同样的形象，却需要我们运用高度丰富的想象力，而后者恰恰是培养幼儿抽象思维能力的基础。

虽然电视能提供的想象空间极为有限，但它仍然不失为一个持久而普及的信息来源，因为它能把你在自家后院里找不到的经验带到你眼前。它能带你登上山巅，带你进入微观世界，带你深入海底，或者带你进入世界的中心。电视资源不会浪费，它的多元化特点正在加速发展，它受观众控制的潜能正在快速发展，例如，你可以将录像机定时，录下事先选择的节目今后观看。许多有关星球和文化的信息，都能通过电视传送到千家万户，比如，英国国家广播公司制作的莎士比亚、宇宙天地、生物进化等节目，就为社会大众提供了包罗万象的信息。电视传播信息的方式也多种多样，如有时可以快放，有时又可用慢镜头呈现。这种传播媒体的成长如此迅速，以至于在未来几年内，电视将不仅可以提供至少成千上万个频道，甚至还存在与人互动的可能。事实上，电视游戏正是电视互动新时代的一部分，而观众的参与程度正是电视界评价收视率的一大要素。

电视禁锢人的想象力，而一本好书很快便能引发思维的活动过程，并且让人的思想自由翱翔。

尽管如此，还是千万不要高估了电视的作用，尤其孩子在看电视时，大人更应留意。与所有提供给孩子的其他东西一样，只要大人认真参与其中，电视也能有益于孩子的发展。如果在没有大人陪伴的情况下看电视，就会缺少孩子与家长分享快乐的体验，也缺少家长发人深省的讲述和引导。优秀的电视节目可以激起孩子提问题的兴趣和刨根问底的精神。因此，家长应该陪孩子一起欣赏电视节目，一边看一边问孩子对节目有什么感受，比如，孩子能否预测剧情的发展？能否描述片中的悬疑情节、刻画片中的人物？看完电视之后要开展讨论，就像看完一部电影或戏剧之后那样，与孩子愉快地交谈。为什么不制订一套评价电视节目好坏的标准呢？通过这一套标准，可以培养孩子正确的审美观，可以学会选择优秀节目以供观赏而无需大人唠唠叨叨，还可以自己控制时间、不看内容低劣的节目。

像所有其他体验一样，电视体验也应当与现实生活中的视觉体验相结合。如果孩子看过有关史前爬虫类的节目，不妨在第二天带他前往自然历史博物馆，让头一天晚上在他脑海里留下的影像鲜活和生动起来。还可以从图书馆借几本书，让孩子因看电视而引发的兴趣得以持续，同时也为收看下一集节目做好准备。

蒙台梭利曾面对大众传媒说过下面这番话，“在社交生活方面，我们找到了太多思想懈怠的实例。人们只顾衣着体面、与朋友聊天、观看电影。”作为一种被动的影音工具，电视的确让人“思想懈怠”，同时可能削弱甚至剥夺学习能力。不过蒙氏也认为，要真实地将外部世界的信息传授给孩子，以满足他的求知欲，这是极有价值的。小学阶段的孩子需要脱离并超越所处的环境。蒙氏对康米尼斯的评价很高，因为正是他率先设想出用图片的形式介绍外部世界中的一切，并编成百科全书。

电视可作为想象力的辅助工具，就像康米尼斯的贡献使孩子对身处的星球及其上生命的活动情况有更广阔的了解那样。但是，看电视毕竟只是一种观看行为，不能代替“身体力行”。蒙氏早就知道，学习上的进步，主要应归因于孩子通过活动以及与真实环境互动所做的积极探索。她在《童年的秘密》一书中写得很清楚：

“动物这个词本身包含着生气勃勃、活活泼泼之意，也就是富有活动能力。动物和植物的根本区别，在于植物静止不动而动物会动。既然如此，为何有人认为压抑孩子的活动空间是无可厚非的呢？”

培养孩子的聪明才智时，最好让孩子的智力通过亲自实践和参与来发展。千万不要忘记，电视虽然是一种好工具，但终究不能满足孩子积极参与各种活动的需要，而只适合作为一种辅助手段，一种小小的乐趣，一段简短的间奏。我们应该引导孩子离开现代人的习惯性生活方式——躺在摇椅里紧盯屏幕，整个人沉浸在声光影像交织成的喧闹情境中；我们应该引导孩子进入真实、平凡却十分伟大的现实世界。

如何安排孩子看电视的时间呢？

家长安排家人看电视的方法有很多。如果你认定孩子看电视太多，一些家长检验过的如下方法可供你参考：

1. 不准看任何电视，那是大人的事。有些孩子尚小的家长觉得这条规定非常重要。

2. 限制观看时间。可以在孩子上学期间每天看一小时，周末可以稍微宽松。或者规定每周一共可以看几个小时。

3. 功课或家务不完成，不允许看电视。或者规定在某些时间内不许看。有些家长发现用餐时、练琴时或早晨上学前不开电视的效果很好。

4. 只许周末观看，周一至周五不允许。

5. 不准看商业节目，而只准看公共节目。

6. 从电视节目表中预先选好若干节目，只许在播放这些节目时打开电视机。

7. 只在天气恶劣、孩子无法进行户外活动时看电视。在冬天气候不太恶劣或者孩子有足够户外活动空间的地区，这一条比较容易落实。

（大卫 · 肯）

PART 6

饮食问题

均衡饮食中的营养成分不需要每天都摄取，这一点很少有母亲明白。此外她们必须注意，只要孩子经常吃的某种食物吃腻了，就应当果断地让他停吃几天。孩子体内储存的丰富养分，足以满足他们不吃某种食物时的营养需要，而当他再次觉得想吃这种食物时，自然会高高兴兴地去吃。

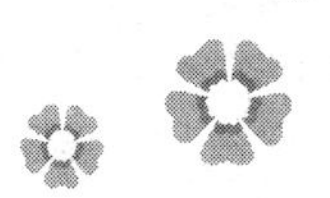

孩子的自主性饮食习惯

只要孩子需要的饮食份量足够，同时家长又遵照科学系统的教学方法进行饮食教育，那么每个健康的孩子都能做到合理饮食。

多年来我一直在各种场合向父母发出呼吁：要给孩子充足的权利，允许他们在吃饭时自主选择吃多少、吃什么。假如从孩子婴儿期开始，父母就听从这条建议，那么孩子将不会出现任何饮食问题；但是，如果父母已经采取其他办法，那么他们和孩子一样，都要经历一个修正、观察和调整期，此时，保持一份详细的记录报告将很有价值而且很有必要。

我从每天的门诊经历中得知，许多母亲仍然在“把食物塞到孩子嘴里”。我身边许多同事不是告诫家长别忘记定期吃某种食物，就是忽视为孩子计划的训练课程，结果让那些当母亲的人无所适从，只好另想办法，从而不自觉地被宣传牛奶、谷类、蔬果和一些营养价值不高的食品广告诱惑得团团转。近10年来，每当我在“儿童医院”向医生们提出这样一个问题即：“当孩子不爱吃东西时，你们通常给他们的家长提什么建议？”几乎每位住院医生或实习医生都这样回答：“我没什么好建议。不过我想我会告诉她，让孩子吃他该吃的东西。”很显然，在他们心中，食物就像药物和灌肠一样，需要“开处方”。

除那些因受过严格训练而另辟蹊径的父母外，我见过的大部分母亲都对自家孩子的饮食忧心忡忡。当我问“孩子的胃口好吗？”时，很少有人能给予肯定的回答，通常都说：“不，胃口很差”，或者“我没办法让他吃青菜”，“他不喜欢吃肉”，“我就是没办法让他喝下牛奶”，“只有在我逼着他的时候，他才会吃鸡蛋。”有些回答让人乐观一些，但充其量也不过是：“除了不吃青菜以外，他胃口还不错”，“我想胃口还可以，不过他吃得东西还不能让我满意。”

当我问到“你有什么办法能让孩子将饭吃下去，从而使大人不必焦虑和担心？”时，普通母亲的回答通常是“采取哄骗的手段，用食物以外的东西吸引孩子的注意力”。结果，孩子吃东西变成一种被动的行为。当孩子恰巧饥肠辘辘或者吃的东西特别合口味从而饱餐一顿时，父母便兴奋地拍手叫好：“真乖，你今天的晚饭吃得太棒了。”孩子由此产生一种心理：原来好好吃饭也是一种很重要的武器啊。

由此将给孩子造成许多行为问题，并使他在一种错误的家庭氛围中成长。对于这种情况，我们最好停下来扪心自问：“假如我们明知道只有精神上的满足才能让生活变得更美好，却从小就对孩子精神生活的发展设置重重障碍，那么，就算培养出的孩子不缺营养甚至身强力壮，又能有什么用呢？”

万幸的是，这个问题并不是无法解决。只要孩子需要的饮食份量足够，同时家长又遵照科学系统的教学方法进行饮食教育，那么每个健康的孩子都能做到合理饮食。为此，年轻的母亲应当接受正确的儿童饮食教育，这一条至关重要。她必须明白：医生建议的食物种类和份量，足以让她的宝宝摄取所需的一切营养，而且她应当严格按照医生规定的时间间隔为孩子喂食。按处方要求喂食时，应当每次少量喂食，让孩子细嚼慢咽，倘若孩子讨厌某些食物的味道而不愿吃，母亲要多多引导他进食，绝对不要强迫，因为“吃软不吃硬”是人的天性。

一言以蔽之，家长的目标应当是在孩子的饮食过程中尝试着加入更多不同种类的食物。

均衡饮食

均衡饮食中的营养成分不需要每天都摄取，这一点很少有母亲明白。此外她们必须注意，只要孩子经常吃的某种食物吃腻了，就应当果断地让他停吃几天。孩子体内储存的丰富养分，足以满足他们不吃某种食物时的营养需要，而当他再次觉得想吃这种食物时，自然会高高兴兴地去吃。

爱玛是一个 11 个月大的女婴，由于不愿意喝牛奶，在母亲的带领下来到我这里，不过她倒是愿意吃蔬菜、谷类、橙汁、鱼肝油和鸡蛋。我告诉爱玛的母亲，先不要让孩子喝牛奶，直到孩子显示出想吃的迹象为止。她几次着急上火地打来电话，告诉我说婴儿始终没有想喝牛奶的迹象。我建议她把牛奶放在孩子看得见的地方。最后，在第 11 天，孩子终于尝试着伸手抓奶瓶，还差点儿打翻桌上所有的东西。

依着孩子的本性而同意他不吃某种食物，并不会导致他对这种食物产生持久的厌恶。但是，如果大人强迫他们违心地去吃，却可能会留下这种后遗症。如果父母转变观念，以“他还没有吃习惯”来替代“不吃也得吃”，那么在培养孩子尝试新食物的能力上就不会遇到太多困难。例如，许多人在第一次吃芹菜、柚子、橄榄之类的可口食物时，并不都喜欢它们，可是在试着吃几次之后，慢慢也就能接受了。

进食的间隔时间因人而异。例如，有些很婴儿吃得不好，吃的东西也不合胃口，家长就可以按照每 5 个小时喂一次的时间表，慢慢改变他们的饮食习惯。

布雷克是一个 4 个月大的婴儿，他郁郁寡欢，日夜啼哭，不停地呕吐，更糟的是还患上了过敏性皮炎。在家长采取“每 5 个小时喂食一次”的进食方式之后，仅仅过了一周，布雷克便成了一个开朗快乐、皮肤清新的孩子，体重更是长了 9 盎司（合 256 克）。

在通常情况下，如果严格按照“每 5 个小时喂食一次”的方式进食，过不了几天，婴儿就会自动恢复到“每 4 个小时进食”的间隔，对此，家长应当顺其自然。孩子有规律的饮食习惯使母亲能够更好地照顾孩子，但母亲也不必成为规律的奴隶。桑顿 7 岁时，他母亲绝望地带他来见我，因为他死活就是不吃东西。我要求她让孩子自己选择饮食，她却不愿意，并且固执地认为我应当给孩子推荐一种补品，或者向她传授某种纠正坏习惯的新方法。最后，她终于同意照我的话坚持 3 周时间，即暗地里详细记录孩子吃下的食物。很快，孩子便开始吃各种各样的食物，但却不吃午饭。桑顿现在 15 岁，他发达的肌肉和运动专长在青少年中非常少见，但他如今仍然每天只吃早上和晚上两顿饭。我曾无意间重新调阅他婴儿时的记录，发现他比多数婴儿更早停掉晚上例行的喂奶，而且那时候每天就只吃三次东西。

过分强调孩子营养不良，已经使母亲心力交瘁。那些精力充沛、生理发育也与实际年龄吻合的瘦高型青少年，由于总是被大人与“标准身高——体重对比表”做比较，结果经常被打上“体重不足”的标签。医生或许能帮助解决这个问题，他们可以将诊断结果记下来，供这些孩子的母亲参考。

在内科门诊中，强迫进食自有妙用，而且是一种独特的治疗方法，在特殊情况下能够达到特定目的。

变数和变量

解决任何问题，首先都必须清楚要解决的问题是什么。这一点对解决行为问题特别重要，因为在分析这些问题时，需要考虑太多遗传上的变量和环境上的变数。在不伤害孩子的前提下，应当给孩子一段时间来纠正不良行为，而父母的角色仅仅是旁观者和可信赖的信息提供者。观察结束之后，或者问题不再出现，或者问题变得越来越简单。年龄较大的孩子出现饮食问题时，我一般要求家长在长达 3 周的时间内，让孩子坐在餐桌前像客人那样自由挑选爱吃的食物。同时，我要求家长每周都将孩子吃的东西记录下来寄给我。通常 3 周时间还没有过完，孩子就愿意吃各种各样的食物了。在第 3 个星期我很难收到家长的报告，因为孩子的偏食问题已经彻底解决，家长一高兴，不记得寄报告过来了。

观察期结束时，家长作为“家庭医生”，对家里经常吃的食物的认识将更加深刻，这一点在私人诊所中是很难做到的。这种认识将成为基础营养学的重要基础。

1. 其实，所有蔬菜都一样有益于健康，不同的是红萝卜是一种根茎类蔬菜，而菠菜则叶菜类蔬菜。许多孩子都爱吃生菜，而它也可以全部或部分代替煮熟的蔬菜，只是不像熟食那样在完全消化时会产生热量罢了。不过，在一顿由肉、鱼、蛋和奶等能产生热量的食物组成的饮食中，这种热量的损失完全可以忽略不计。煮蔬菜时水要尽量少放一些，而且熟后不要把水倒掉。如果孩子吃了很多生菜色拉，再不吃青菜也没什么要紧。就算一连几天都没有沾过一口蔬菜，也不会损失什么营养，只要他不和那些任性的大孩子一起喊“我讨厌蔬菜”就行。

2. 肉是好东西，只有鱼能完全取代它的营养。煮肉的清汤没什么用，但可以用来增强食欲。含有牛奶成分的奶酪才有营养价值。

3. 谷类通常以媒体大肆宣传的香浓麦片粥等形式出现，其实它们包含的营养价值远不如制成面包、饼干或即食的盒装食物。如果吃保留有维生素B的全麦食品，营养价值会更高。

4. 并非每个孩子每天都要喝1夸脱牛奶。在评价营养成分时，孩子喝的牛奶和其他食物、饮料应当一起计算。

5. 脂肪含量过高的食物不仅会降低食欲，还会妨碍消化和吸收进而孩子成长。

6. 只要孩子不觉得饿，暂时没胃口也不要紧。但是，倘若孩子长时间胃口欠佳，则可能是生病的先兆，需要请医生认真检查。

在经过一段时间不长的书面记录之后，母亲往往会惊奇地发现，孩子吃的东西比她想象中多得多，并且确信孩子自己选择吃的食物足以保证身体需要。3周时间足以让孩子恢复正常饮食。比如，在连续几天吃高糖分甜食后，孩子可能会觉得腻，于是开始尝试其他食物，一连几天都不吃甜食。孩子在某段时间特别爱吃某种食物，这很正常，大人不也这样么？只要这种情况不常出现或者不会持续太久，就不必大惊小怪，随它去吧。

通常孩子会自动避开对他来说特别敏感的食物。只有不强迫孩子吃此类食物，缺氧、易怒、便秘以及明显的敏感症状才会很快消失。如果家长严格禁止孩子吃不爱吃的食物长达几天或几个星期，这些食物往往今后会变成他们爱吃的食物。最近，有个8岁大的男孩总是不喝牛奶，但在连续2整天不让他喝牛奶之后，他却主动对医生说："医生，我可以在麦片中加点牛奶吗？"

观察期一结束，孩子的各种错误饮食习惯便都已经清晰而明显，此时，父母应当拟制一个计划。例如，孩子喝的牛奶太多，父母不妨规定他晚上不许喝牛奶，或者只能将牛奶当点心偶尔饮用。不过父母要注意的是，任何食物都不能用来哄骗孩子。说不喜欢吃肉的孩子，未必是讨厌肉，而是还没有学会充分咀嚼和吞咽。在这种情况下，家长要教孩子怎样吃肉，等他将第一块肉完全咬碎并且咽下去之后，再给他吃另一块。

我不相信当一家人围着桌子吃饭时，孩子能够长期压抑住吃东西的欲望以及享受天伦之乐的感觉。他将很快发现，自己偏食的坏习惯并不能左右一家人的饮食。懂得了这一点，他的性格将更加健全。他会慢慢会明白，在与人交往时，除了为自己设想，也要考虑别人的需要。

（克利弗 · 史威特）

家庭饮食环境

让婴儿6个月大时就开始自主选择吃什么，他们很快便能从各种食物中，挑选那些最有营养的食物来吃。这样的孩子十分快乐而且营养充足，同时能够学会从肉、蛋、水果和蔬菜中自主选择，无需大人干预。

即使在最忙碌的家庭中，厨房也经常是家庭生活的焦点。吃饭时，孩子要和父母在一起。但本应是宁静平和、充满爱与关怀的情感交流，却时常演变成父母和孩子均紧张和焦虑的体验。饭没吃好，和谐的谈话也只是被简单的“不”和“不行”取代。父母对孩子小题大做，暴躁易怒，甚至因孩子落在桌布、地毯或膝头上的食物大声训斥。此时，唯一的胜利者是家里的小狗，只有它坐在那里等着离开碗盘的美食。

准备饭菜和吃饭本应轻松、有趣和自然。所以说，孩子也应当参与饭菜的安排和准备过程。

良好的家庭饮食环境

营造温馨的家庭饮食环境，是成功地教育孩子的关键。久负盛名的儿童心理医生基赛尔说：“教育技巧关系到用餐的成败。孩子的饮食行为经常会彰显出他的食量和特殊口味，父母应当对这些蛛丝马迹保持警惕，并适当地尊重孩子的食欲和饮食习惯。”这里的“尊重”两个字是教育成败的关键，家长应当让孩子积极参与餐前准备，这样将带给他很大的成就感，而且有助于培养其独立人格。

希望以下这些建议有助于你减少餐桌上的不快，进而培养所有家庭成员积极而愉快的共同进餐态度。

1. 准备一套尺寸较小的桌椅，让孩子帮忙做好餐前准备。

2. 这一套小桌椅也可以让孩子吃饭时使用。因为那毕竟是他的桌子，有自己专属的就餐位置会让孩子很自豪。

3. 专门留出一个地方供孩子放置自己的烹调用具。测量、倾倒、搅拌等都是孩子喜欢的活动，因为这些事情不仅让孩子觉得自己能为家庭尽力，而且使他有机会仔细观察食物配料并重复练习各种动作，进而从中获得很大的满足感。

4. 礼貌地要求孩子帮忙，能激起他对厨房杂务的兴趣。

5. 碗筷汤勺等餐具要摆在孩子能够拿到的地方，以便他帮忙摆放餐桌。碗柜如果位置较高，不妨在下面摆一张可移动的小凳子，以方便孩子活动。

6. 孩子在家人吃饭时帮忙倒饮料。

7. 饭菜力求色香味俱全，增强对孩子的吸引力。

8. 用餐时，不要一下子就给孩子盛很多食物。如果把孩子当成大人、一次让他吃很多，那会破坏孩子的胃口，与其如此，不如让他少量进食后，自己决定还要不要"再来点"。人生需要仔细品尝方有滋味，吃饭也同样如此。当然，孩子可以自己分配食物。

9. 让孩子有机会选择自己想吃的东西，如果他不想吃某顿饭中的一些食物，父母也要尊重他拒绝的权利。这种宽容的态度能让他产生"能自由选择饮食种类的成就感"。

10. 让全家人吃相同的饭菜，同时又允许大家自主决定吃什么。不必为家中 12 岁、7 岁和 3 岁的孩子分别准备饭菜。

11. 不要用哄骗或悬赏的方法诱惑孩子吃饭。

12. 偶尔更换用餐场所。例如，可以选择到树底下或野外用餐，这样往往能让大家吃得更有味。

13. 让孩子按自己的速度吃饭。

14. 对 2 到 6 岁大的孩子，要尽量让他每天在大致相同的时间吃饭，以便保持他日常生活的规律性和有序性。

15. 吃完饭后，请孩子帮忙收拾和清洗餐具。

帮孩子养成良好饮食习惯的方法有很多，以上建议只是其中的几种。营造良好的氛围和认真准备餐桌一样，都是饭前准备的重要一环。吃饭时延续这种良好氛围是让全家人轻松愉快地共同进餐的关键。作为父母，家长应以身作则，比如，在餐桌上不谈公事，也不针对某人做出负面评价，以便让孩子能在轻松的气氛中吃饭。有时候，孩子吃着吃着突然觉得不舒服或反胃，这往往和就餐氛围以及谈论的话题有直接关系。孩子能否养成合理的用餐习惯和得体的餐桌礼仪，取决于父母耐心而执着的教导。孩子通常会尽力学习，但父母也不能期望过高，因为孩子有自己的学习进度，要让他按照自己的而不是你的节奏去学。父母要柔声地提醒孩子：向别人索要某种东西时别忘了说“请”，收到东西后要说“谢谢”，吃完饭离开餐桌时要记得说“对不起”。让孩子安静地坐在那里等大人吃完饭后再离开餐桌，这是一件很难的事，但是，如果让他迫不及待地吃完饭便出去玩，也会给大人带来不安。遇到这种情况，如果孩子能简单地说一句“我可以离开了吗？”，那么大家都会觉得恰当。食品及营养学专家迪恩总结说：“身为父母，我们有一项重要的责任，就是在每个阶段都要提供良好的环境和丰富的用语，帮助孩子培养良好的饮食习惯和就餐礼仪。孩子不会自动掌握它们，因此家长需要认真教导。”

让婴儿 6 个月大时就开始自主选择吃什么，他们很快便能从各种食物中，挑选那些最有营养的食物来吃。这样的孩子十分快乐而且营养充足，同时能够学会从肉、蛋、水果和蔬菜中自主选择，无需大人干预。

以上建议均秉承了蒙台梭利所倡导的在教育环境中加强日常练习的宗旨。得体的家居和厨房环境能通过各种方式帮助孩子成长，例如，让他从每天参与的活动中积累经验，强调完成某件工作的正确顺序，尽量给他独立自主的机会，以及进一步培养他的自律意识——这些都是蒙台梭利教育环境的特色。蒙台梭利博士一再强调自由对于孩子的重要性，要求大人“排除那些足以妨碍孩子正常发展的障碍。唯有细心研究、细致观察孩子的需要，大人才能觉察到自己人为设立的障碍是什么，才能真正帮助孩子自由地发展”。她进一步指出，其实大人的角色非常重要，“通过更多地关爱孩子，更细致地观察孩子，大人将发现孩子的真正需要是什么，从而着力营造一个更得体的环境”。在这种环境的吸引下，孩子将越来越喜欢做各种活动，此时，大人还要“允许他们使用不同的工具，以追求为自己设定的特定目标”。小号的桌椅、厨具、抹布、海绵、量杯和汤匙等，都是孩子青睐的工具，“受这些工具的吸引，孩子将乐于做一些有实际目的的现实工作”。这样的环境不仅能增强孩子做家务的技巧，更能强化其独立精神、提高其判断能力以及增强其责任感。

像具体规定了日常练习科目的蒙台梭利学校那样，家庭环境也应当结合孩子的需求倾向做出调整。因此，环境已经成为营造良好就餐氛围以及培养正确就餐习惯的关键。简单却重要的餐前准备，将成为孩子享受快乐时光的前提。营养的饮食当然也很重要，但相比之下，其地位已经下降了。

（苏·纽曼）

PART 7

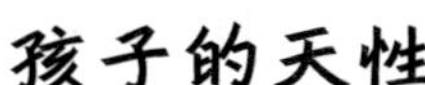

孩子的天性

每个新生儿都是人类学习新鲜事物的桥梁，只有他们能让人类进入前所未有的新领域，并显示出更强的创造力。然而，进入20 世纪之后，人类不仅创造了生活中太多的美好事物，同时也累积了太多的问题。其中最严重的是，人类经过若干世纪才掌握的知识和技能，已经越来越难传递给下一代了。究其原因，不只是因为知识和技能浩如烟海、汗牛充栋，更是因为存在所谓的“学习障碍”。这也是教育工作者对当代儿童的普遍看法。

让孩子自由

孩子像诗人一样感受到大自然的细微变化。例如，看见河水从一些圆形小石头上慢慢流过，他立刻会兴奋地又叫又笑，并用手去触摸水流，就像轻轻抚摸小动物一样。

大人经常谈到应该让孩子接触大自然，让他们躺在草地上小憩，迎着微风细雨步行，接受阳光的沐浴和洗礼，在水中自由地嬉戏，但却很少见诸行动。多数人一看天色不对，便立刻会跑去紧闭门窗，唯恐有风刮进屋里，使孩子着凉。多数人都相信，如果到空旷的原野玩，不论天气是晴朗还是下雨，肯定要步行很久才能找到天然的庇护所避雨和遮阳，于是认为这样做要冒风险。他们口口声声说人要熟悉大自然的万事万物，却总是“只打雷不下雨”。不去接触大自然，又怎么熟悉大自然呢？我们应当让孩子通过与大自然的接触而熟悉它。然而事实恰恰相反，孩子受到的重重保护比大人的有过之而无不及。

“给孩子自由吧！让他们在空旷的原野上尽情嬉戏，让他们在雨中慢跑，让他们脱掉鞋子跳进水池中玩耍。当草坪上还有清晨的露珠滚动时，让他们在上面开心地蹦跳。当他们感觉疲劳时，就靠在树干上凉快片刻。当清晨的阳光驱散黑暗、唤醒大地万物时，让他们尽情地叫喊和欢笑。”如果有人说这些话，一定会被人认为不长头脑、欠考虑。普通父母不仅不认为这样做是应当的，还对家里的孩子采取过度保护措施。比如，天亮了还要孩子继续睡；警告孩子不要赤脚在田野上走。在大人的长期限制和监督下，孩子就像狱中的囚犯一样情绪低落、暴躁易怒，比如，往往动辄用脚碾死一只小昆虫或其他无害的小动物，对此我们却以为是自然现象。我们不知道的是，此时孩子的内心世界已经和大自然日渐疏远，并且难以改变。我们心中真正的愿望，是希望孩子适应“囚禁”生活，只要不打扰我们就行。

甚至年龄很小的孩子都比我们想象中的有力气得多。不过，由于受多种因素的干扰，我们误以为孩子没什么力气。例如，在城市里长大的孩子走不了几步就喊累，那是因为周围的环境没什么自然景观：单调乏味而没什么变化的街景；不适于走远路的着装；柔嫩的小脚丫紧紧地裹在皮鞋里，不断叩击着坚硬的柏油路面；看着四周的环境既无声响、又无生气，人们神情冷漠、脸上没有任何笑容；街道旁琳琅满目的商店（例如，时髦的服装店、俱乐部），对他半点吸引力也没有。他就像被人拴着一条铁链，一动也不想动，只希望大人抱着走。

可是，一旦孩子进入大自然的怀抱，就会焕发出勃勃生机。一般的孩子甚至不到 2 岁的婴儿，只要身体正常、发育良好，连续走几里路也不会喊累。他们那两条不知疲倦为何物的腿，在烈日下可以爬上又长又陡的山坡。记得有一次，一个 6 岁大的孩子失踪达几个小时，等到被人找到时，才得知他原来独自一人爬上了一个小山顶，想看看山那边的世界是什么样子。我认识一对年轻夫妻，有一个不到 2 岁的孩子。这一年夏天，他们决定每天都到海边玩，去海边的路上有一段大约 1 里长的斜坡。由于这段坡很陡，手推车或四轮婴儿车都难以通行，于是夫妻俩带孩子去海边时只好抱着他，结果却发现抱着孩子下坡既累又危险。最后，孩子自己解决了这个问题。他一路走着走着，一口气走完全程。每走一段路，他都会停下来，要么看看路边盛开的花朵，要么坐在草地上，要么站在那里观察看到的动物。父母只好放慢脚步。还有一次，他发现有一头驴子一动不动地守护着田地，于是停下来饶有兴趣地观察这一难得一见的景象，时间长达 15 分钟。

孩子像诗人一样感受到大自然的细微变化。例如，看见河水从一些圆形小石头上慢慢流过，他立刻会兴奋地又叫又笑，并用手去触摸水流，就像轻轻抚摸小动物一样。

在此，建议大家做下面这个小实验。如果你的孩子只有一两岁大，请你带他去一条乡间小路，让他站在路中央，背对一片一望无垠的壮观景色。你将发现，小家伙肯定会尽力转过身来面对风景，兴致勃勃地欣赏。这时，你要停下来和他一起欣赏大自然的恩赐。孩子在无法靠自己的力量站立，甚至还不能开口说话时，就能沉浸在大自然的美景中并且悠然自得地享受了。这时，我们应当把《圣经》中“人活着不能单靠食物”这句话，改成“孩子活着不能单靠牛奶”，来此形容这样的现象。

大家见过下面这种孩子吗？当树上的鸟巢中有一只雏鸟掉到地上，恰巧几个小朋友路过。他们看到之后，神情严肃，目光关切地看着这只雏鸟在地上痛苦地挣扎，互相谈论着可能的结果，并对结果流露出担忧。我们小时候可能会这样做。但当前一代的孩子以及可能在精神上更加退化的下一代孩子，不仅不会怜惜这只无助的小鸟，甚至还会爬到树上捣毁鸟巢。和其他事物一样，孩子对大自然的感情也要经过练习后才能培养出来。那些长年被大人禁锢在室内、时常耳濡目染各种虐待动物情形的孩子，心态已经变得极端无奈和冷漠。如果大人仅仅说几句，或者只是以炫耀学问的态度提醒他们关心动物，都不可能增进他们对大自然的感情。倘若家里有人故意弄死一只鸽子，那将在孩子心中留下难以愈合的伤痕。这些在当今“温室环境”中成长的小“囚犯”，在心灵上的确受到太多的创伤，急需我们投入更多的爱心、耐心去抚平。

（玛利亚·蒙台梭利）

chapter 23

以自然为师

人们似乎已经忘记，人类最初正是从自然万物中获得灵感，才推动文明的脚步不断向前迈进的。

在当今科学技术迅猛发展的年代，在日常生活中人们每天都要接触各种人造的工具、机器和日用品。事实上，它们已经成为现代人生活中不可分割的一部分。我们很难想象现代人居住的环境和大自然还维系着多少依存关系。文明越是进步，人类离自然世界的距离就越远。几乎可以说，现代人已经居住在自己创造的“人工世界”中。

在经济大发展所衍生出的都市环境中，人们慢慢完全忘记了一点：真正能为人类提供生命活力、使人类制造出各种产品的，恰恰是这一生活环境之外的大自然。

在教育领域，这一点体现得尤为明显。教育的目的是帮助年轻人学习和了解身边的世界，以便为推动世界进步的经济活动作出贡献，而老师却在课堂上系统传授抽象的理论、规则、公式、符号和概念，殊不知这些东西和自然界已经越离越远。人们似乎已经忘记，人类最初正是从自然万物中获得灵感，才推动文明的脚步不断向前迈进的。

蒙台梭利博士在解释这一现象时说：在我们这个社会的文明环境中，孩子和大自然的距离很远，也没有多少机会接近和拥抱大自然。事实上，我们在日常生活中做了一些违反自然规律的事却浑然不知。例如，我们以为给孩子准备一个鸟笼，或者带他到动物园观赏关在栅栏里的野生动物或鸟儿，就能带给他快乐，让他感到满足。在有大人遮风挡雨的世界里，孩子接触不到风雨、山川甚至草地，然而这一切都是大自然对人类的慷慨恩赐。

在课堂上，我们通过动物标本传授生物学知识，用棱角粗糙的石块和地图作为地质学和地理学教材。至于数学，我们认为学生只要记住一些抽象的符号和公式就行，却忽视了数学乃是宇宙中一切运动的基础，应当让孩子了解万物兴衰的自然法则。

每个新生儿都是人类学习新鲜事物的桥梁，只有他们能让人类进入前所未有的新领域，并显示出更强的创造力。

然而，进入 20 世纪之后，人类不仅创造了生活中太多的美好事物，同时也累积了太多的问题。其中最严重的是，人类经过若干世纪才掌握的知识和技能，已经越来越难传递给下一代了。究其原因，不只是因为知识和技能浩如烟海、汗牛充栋，更是因为存在所谓的“学习障碍”。这也是教育工作者对当代儿童的普遍看法。

“学习障碍”并非完全源于遗传，其中有许多障碍都来自文明的生活环境，归因于现代孩子受到越来越多的限制。其实，当人类开始群居生活时，就不可避免地存在这些限制。蒙台梭利博士曾提到在《丛林之子》一书中法国教育家伊塔德培训一个野男孩重返人类社会的历程。这个曾经大半个童年在阿贝伦丛林中度过的小野人，在伊塔德的耐心教导下，成功地适应了群居生活，变成了一个正常的孩子。蒙台梭利提到了这个小男孩在适应过程中受到的限制，以及被迫摒弃从前养成的一些生活习惯。例如，这个从小在森林中自由奔跑、叫喊的小男孩，一步步学习如何中规中矩地走路，以及压低由于高兴而忘情欢呼的声音。伊塔德对这个小男孩的特殊感受能力印象非常深刻：每当看到太阳从云端出现、大风刮着树梢沙沙作响或者天空飘起雪花时，他都会放声大笑，似乎有莫大由衷的喜悦。

但伊塔德仍然不辞辛劳地培养这个孩子适应群居生活。伊塔德的训练从两个方面着手：第一，教导他遵守群居生活的行为规范。第二，开发他的智力。蒙台梭利描述道：这个小男孩被父母遗弃在丛林中，本来应当过着悲惨的生活，但却凭自己的努力找到了幸福。他几乎已经与自然界合而为一，因为每当他看到雨、雪、风和广袤的空间时，就会情不自禁地欢呼雀跃。自然界的这些现象正成为他观察的对象、他须臾不可离开的同伴，更成为他最喜爱的美景。

而文明生活的发展，恰恰与他的天性背道而驰，因为在现代人看来，人类文明的进步，不仅指物质生活和精神生活的极大丰富，还包括征服大自然。

蒙台梭利博士所说的“人类文明的进步”，已经牢牢束缚了现代人的心灵，以至于使他们深信，教育的唯一目的就是开发孩子的智力。所有教育方案的核心目标，都无法超越发挥孩子的最大潜力这一范畴。由于所有知识都已经印在书本上，因此大人不断督促孩子提高读写能力，觉得智力好的孩子将来成功的机会也相对高。大人一心培养下一代的智力，却忽略了孩子的其他需要，不知道孩子需要一段时间的准备，来开发身体和心理上的各种潜能。

每个呱呱坠地的婴儿看上去都那么无助，那么依赖大人。殊不知，他们小小的心灵早已蕴藏着无限的活力和能力，随时可以从周围的环境中吸收新知识。正如史前的人类能通过学习适应环境一样，每个新生的婴儿也同样能通过学习适应周围的环境。婴儿能通过感官的帮助，接收外界的万事万物并形成印象，并成为其潜意识知识和感觉的基础。这些知识和感觉将成为婴儿内在素质不可分割的一部分，并且终生不会失去。古代的孩子在没有任何文明事物的自然环境中成长，每天都与自然界中的美丽事物亲密接触，从而得以观察自然界最微妙的变化，可以毫无拘束地在上帝的乐土上徜徉。他走着、跑着、跳着，爬上山坡、岩石和树枝，越过小溪，在草地上打滚，天长日久，学会了如何保持身体平衡、协调肌肉的动作。

到了近代，学前教育已经完全摒弃肌肉动作训练的相关内容。幼儿园越来越缺少锻炼孩子视力和动作协调能力的相关课程。而手眼协调训练内容的缺乏，将直接影响读、说、写能力的培养。于是，人们想出一些补救方法，如溜滑梯、跳蹦床、攀爬金属做的爬杆，但都受到器材和环境的限制。孩子们像兽栏中的猛兽一样，逐渐失去了观察思考、判断远近和高低的机会。但在自然世界中，孩子却可以随意观察、思考和判断耳闻目睹的任何景象、事物，学习应付意外情况，坚持训练体能。在大自然的帮助下，孩子将变得善于协调身体各部位的整体动作，同时智力也得到迅速开发。

与手眼协调有关的另一项训练是从事人的日常活动，如坐、站、洗、穿、提、倒及握持各种工具和器具，但前提是既不伤害自己，也不会殃及周围的环境。参加社交活动则需要遵守既定的行为规范。但是，由于父母对孩子关心过度，从而使孩子几乎没办法好好学习。许多孩子不知道怎样使用手指、双手，不会握笔，不会刷牙。至于社交礼仪和行为规范，在大人的纵容和包办下，许多孩子根本不知道礼貌为何物。

在孩子的智力开发过程中，我们见过太多旨在灌输抽象观念的人工教材。正如蒙台梭利博士常说的那样，真正的地理、生物和数学知识都不在书本上。最初获得上述知识的人，用文字、符号、图解以及印刷术，将这些知识印成书籍。但即便如此，知识也绝不能与自然界隔离，因为自然界一直是人类所有经验的最初来源。现代儿童被迫只接触人类经验的结果，导致他们对学习失去兴趣。这也证明现代教育制度存在着一个重大缺失，即传授知识只重视成绩，不关注兴趣。单靠外力推动是不能激发孩子的学习兴趣的，唯有通过内在感官的刺激，才能激起孩子的求知欲。当孩子的内心向往与大自然的现象产生共鸣时，无穷的探索兴趣自然水到渠成。

当今社会最大的悲剧是：不到 6 岁的幼儿本来正在经历各种敏感期，学习兴趣正有待于充分启发和引导，但事实上却被关在育婴中心或托幼机构，成天做一些无聊的游戏，或者漫无目的地玩耍，对各种新奇事物的兴趣正在一天天丧失。在这种敏感期，孩子充满了各种兴趣和好奇心，希望探索周围环境中的未知事物。他能下意识地接受和储存感受到的外部印象，包括自然界的美妙和新奇，但可惜的是，他接触不到大自然。上小学之后，孩子在铁腕高压式的教育方法下，本已空虚的心灵又被迫从老师身上学习一些少得可怜的知识，心里想到的只有奖励或惩罚。教育工作者忙着创造最新的教育方法，企图激发孩子疲倦不堪的心灵能够努力学习，要么就是忙着制订一些补救性教育措施。奖励、竞争和好玩的游戏，绝对无法激发孩子的自觉学习兴趣。

蒙台梭利博士说：和平是人类梦寐以求的终极目标，但要实现这个目标，却必须从孩子开始就发挥人性的特质。不过，只有大人缔造出一个新世界，让孩子永不知足地追求知识，让孩子做每一件事都能兴致勃勃，让孩子独立人格的培养有大人作为坚强后盾，上述目标才有可能实现。因此，大人必须让孩子接触真实的世界，亲身体验大自然中的一切法则。这个真实的世界，是由人类自身和大自然共同创造出来的。

（雷娜 · 克拉马尼）

徜徉在自然世界

要想孩子以大自然为家，必须首先让他们看到自然界都有哪些事物。必须通过学习孩子才能掌握观察事物的技巧。我发现，某些活动有助于孩子掌握这种技巧。

如果真要让孩子以自然界为家，就应该让他们无拘无束、充满自信地在自然界纵横驰骋。

最近，我带一群小朋友到校外的树林里散步。他们从入学的第一天起，每天就能从窗口望见这片树林，但却从未去过。刚走没几步，我就听到好几个小朋友对其他人说：我不怕，你呢？和许多城市里长大的孩子一样，他们甚至从未到过家庭或学校附近的户外天地。带小朋友到这种地方来，下仅使他们觉得好玩，而且沿途教他们辨别植物名称更为重要。在这片树林中，我必须告诉他们一件最重要的事，这不是生物学知识，而是自然界的生存法则。比如，脚踩在石南根或者荆棘的上面，就不会被它们绊倒。这个法则足以激起小朋友的兴趣，有助于他们学习小心翼翼、稳稳当当地走路。几天后，班上有个小朋友对我说：我现在敢去树林了，因为我已经知道在树林里怎样走路。

在孩子上小学的头几年里，让他们有机会自信地走过难走的林间小道是一件很重要的事。和掌握游泳技巧一样，当孩子自信地走过繁密的草丛、涉水趟过小溪时，他们的收获远不止掌握这些技巧本身。但与游泳不同的是，掌握户外生存技巧无需借助特殊装备，更不必依靠老师组织专门训练，只要带小朋友到野外，给他们提供这样的机会即可。几乎每所学校都有类似的地方或无人的空地，可以让小朋友学习野外探险，熟悉求生的基本技巧。我们也许不认为这些地方吸引人，但这些遍布无名野生植物和废弃物品的地方的确能为孩子们提供最佳的学习机会，甚至你自己也能从中得到更多宝贵的育儿经验。当然，如果你自己先走一遍，对孩子们的帮助会更大。我相信，细心的父母一定会先去这些地方熟悉一番，然后再带孩子去探险。

正如允许孩子们在课堂上练习用菜刀切蔬菜一样，我们也要带他们到户外冒冒险。如果甘愿孩子们冒着割伤手指的危险学习使用菜刀或水果刀，却不肯让他们到野外学习如何照顾自己（与可能割伤手指相比，后者的结果可能只是擦伤膝盖、弄湿鞋子或者弄脏衣服），不是有悖于常理吗？就算孩子们遇到这些小麻烦，也能由此懂得如何才不“重蹈覆辙”，为长此以往积累学习。

孩子很小时，大人就可以带他们到野外，放手让他们培养良好而慎重的判断能力。每次我带小朋友到野外，只要他们自认为可以尝试做某件事，我都很少出言制止，而我带出去的小朋友中也从未有人受伤。有好几次，我都几乎忍不住告诉一个名叫佩奇的小女孩，劝她不要从高高的河堤跳到对岸。因为我认为这对她来说太难做到了。但她却每次都跳了过去，证明她比我更加了解自己的能力有多强。当小朋友第一次尝试做某件难事时，大人不妨帮他做一遍，这样有助于帮他树立信心、增强能力；下一次，再让他自己做。例如，当杰米涉水穿过溪流，企图越过一块大石头或者横在路中间的树干时，你不妨伸出一只援手——不是拉他回来，而是让他借助你的手平衡身体。你也可以拉着艾丽丝的手，与她一起跳过小溪；或者站在一个高高的河堤的下面，看着杰克往下爬。除非杰克失足跌倒，你才可以伸出双手去接，否则绝对不要扶他爬下河堤。

过不了多久，年龄大些的孩子就希望开拓出一条从未有过的路。这时，你可以让他们带头探险，自己走在后面照顾其他年龄较小的孩子。（你走在最后“压阵”，还可以清楚地通观全局。）小朋友必须遵守的唯一规定就是不离开你的视线，一旦违规，必须接受严厉的惩罚，例如从“领头羊”降为“跟屁虫”。

我们学校前有一条很深的排水沟，可以通往学校附近的树林。排水沟高达3尺，因此，外出时我总是尽量靠着沟边走，如果有孩子走路时离沟太近，我会马上看到并大声制止。我一再警告他们别忘了掉到沟里的危险，因此他们都小心翼翼，觉得不掉到沟里是份内职责。不止有一个小朋友曾经骄傲地对我说：我可以在沟边走得很好，不会掉下去。时间一长，孩子们便懂得，规避某个不可预见的危险是应尽的责任。孩子们长到 7 岁时，我会带他们去成年人前往都必须小心翼翼的野外。但我却很坦然，因为我知道他们有应变能力，更重要的是，他们自己也知道这种能力的存在。

再好的人工户外探险区，也比不上普通而天然的树林能为孩子提供挑战自我的机会。当孩子可以信心百倍地穿越一片树林之后，他会想再次探险。这时候的他早已沉醉于大自然的奇妙，并以大自然为家了。

苹果与梨子的差别

要想孩子以大自然为家，必须首先让他们看到自然界都有哪些事物。这条道理看似简单而明显，但经验告诉我，必须通过学习孩子才能掌握观察事物的技巧。我发现，某些活动有助于孩子掌握这种技巧。

一天清晨，我发现学校的草地上到处盛开着洋莓花，我认为这是教孩子们掌握这种常见野花名称的一个良机。我摘下一朵洋莓花，指给孩子们看，问他们：谁能找到一朵一样的洋莓花？许多小朋友都找不到，这让我很惊讶。我很纳闷，怎么会这样？我随手就能摘到 20 朵这种黄色的花朵，难道一个 3 岁大的孩子竟然在草地上分辨不出如此容易辨认的植物吗？

我想起过去的一次经历。当时，我还没有从事老师这一职业。一次，我坐船到印度尼西亚旅行。船尚未靠岸，就被当地海关人员拦下，白白耽搁了一天。海关人员怀疑船上有走私物品，但花了好几个小时，查遍船舱内外仍一无所获，这才下令放行。他们离开船之后，一名乘客对我说：他们忘了查小型手提箱。什么？小型手提箱？我怎样不知道？于是他往甲板上一指，告诉我哪些是小型手提箱。只见甲板上到处是一种崭新的黑色小型手提箱，还有几十个箱子捆在一起。要知道，很少有乘客会携带这种手提箱外出旅行。如果像我这样的大人（更别提刻意搜寻走私品的海关人员了），每天面对成堆的手提箱都熟视无睹，那我想能够灵活运用感官的想法是否就是幻想？

我开始相信类似的经验：许多大人不知道的东西，往往是幼稚的孩子非常熟悉的东西，反之亦然。几乎每天孩子们从操场上玩耍归来，都至少有一个孩子带回一样希望给其他孩子看的东西，可能是一颗亮晶晶的小圆石，或者一个柿子。操场上有几百种不同的东西，我经常带他们去辨认。一开始我还担心时间长了他们是否会腻烦，但当孩子们捧着自己找到的宝贝跑回去的时候，我总像发现新大陆那样感到新奇。会不会是这些孩子在操场玩上几个月之后，始终对某一样东西（如柿子）视而不见，直到有一天专心注意时才真正“见到”它，像它第一次出现一样？我越来越相信自己的看法是对的。毕竟，孩子在学习了几何图形知识之后，才可能猛然发现原来在现实生活中随处可见三角形物体。这一现象是否也说明他们由于了解物体的名称而满怀喜悦？还是由于第一次注意到某件新事物而狂喜？

因此我怀疑，如果某个人从来都没有机会认真注意一些野花、树叶或树皮的形状，那么，当他真正进入树林时，能看到什么呢？

一开始试着带小朋友到树林探险时，我认为自己的最大责任就是教他们掌握不同植物的名称。可是，从小朋友们的行为中，我深深懂得了一个道理：帮他们集中注意力比要求他们掌握植物名称更重要。以前，我通常教小朋友辨认某些植物的颜色、气味、形状，比如，桦木光滑的树皮、野草莓叶特殊的气味以及薄荷树方形的枝干，希望让他们由此了解该植物的种属，现在，我则帮他们集中注意力，告诉他们：注意观察不同树木的表皮，仔细闻闻不同植物的气味，认真看清不同枝干的形状。

真正热爱大自然的人，是能够注意到每种植物的特点的。能够辨别某种植物的种类，不过是认识和了解该植物的开始。我带领孩子或大人前往户外活动时，从来不和他们讨论哪些植物有什么特点，我认为这样的未知领域应当由他自己去探索。其实，一个年纪很小的孩子便可以独自掌握这方面的知识。从不少家长的话语中，也能证实这种想法是正确的。一个烈日炎炎的夏天，6 岁的比尔从外面将一个青涩的苹果带回家，父亲却固执地说是梨，且死活不认错。比尔没办法，只好再出去一趟，一心想好好和父亲说个明白。他分别摘下一根苹果树和梨树的树枝回家，当场证明两种果实的不同形状和两种树叶的差异。然后他对父亲说：“现在请你闭上眼睛，去感觉这两片树叶。这是苹果树树叶的感觉，这是梨树树叶的感觉。好了，现在闻闻看，这是苹果树的气味，这是梨树的气味。现在，你该知道苹果和梨有什么不同了吧？”

（吉姆 · 罗伯兹）

促进孩子心智发展的花园

与播种相比，孩子更喜欢收获。或者可以说，正是由于有收获，播种的乐趣才有增无减。而收获越多的人，也越能体味播种的潜在魅力。

孩子能从关爱大自然生物的过程中得到极大的满足。我们不难营造一个能让孩子照料生物（特别是动物）的环境，以迎合其关爱地球上其他生命的本能。对一个只顾眼前、不管长远的孩子来说，没有任何事情能像照料动植物那样让他变得深谋远虑。当孩子知道某个动物需要喂食，或者某株幼苗会由于他忘记浇水而干枯时，就会懂得奉献爱心能让他人受益这个道理。

如果孩子一连几天爱怜地喂食正在孵蛋的鸽子，且在某一天早晨赫然看见幼鸽破壳而出的情景，你将发现他油然而生的喜悦之情绝非笔墨所能形容！将来某一天，当他发现母鸡翅膀下掩藏多日的鸡蛋竟然变成一只只可爱的小鸡时，不是会更情不自禁地欣喜和怜爱么？这种美好的情感会激起他继续帮助小动物的欲望，于是，他会捡一些稻草或旧棉絮，帮助小鸟在屋檐下或树上筑巢。对他来说，小鸟叽叽喳喳的叫声，犹如在向他道谢。

昆虫的蜕变和雌性昆虫照顾下一代的过程，只有通过耐心观察孩子们才能发现。要知道，孩子往往能观察到大人都无法发现的结果。例如，曾经有个小朋友对蝌蚪变成青蛙的过程很感兴趣，于是像个小科学家那样，向老师报告蝌蚪变成青蛙过程中各个阶段的发展情形。

植物对孩子同样有很强的吸引力。罗马有一个“儿童之家”由于没有可供耕耘和播种的场地，老师们便在一块磨盘周围的空地上制作出许多小花坛，从那以后，孩子们从没忘记给花儿浇水。一天早上，我发现孩子们都坐在空地上，围着头一天夜里刚刚盛开的一朵红玫瑰，安静而专注地凝视着。有一次，一个从小就受到“爱护花草”教育熏陶的小女孩站在平台上，兴奋地指着下面对母亲喊道：“您看！那边花园里种的东西可以吃呢！”那是一个在母亲眼里稀松平常的果园，却让孩子热爱不已。

即使面对大自然中的客观事物，我们也难免会产生偏见。我们给花儿下的一些抽象定义过于主观，对孩子也一样。我们按照自己的想法来规范孩子的行为，却忽略了他们真正的爱好和需求，就算在花园里，孩子也被迫按照大人的行为模式活动。把种子埋到土里，等着它开花结果——这种等待对一个不谙世事的孩子来说太漫长了，而且也不够刺激。他们想做立竿见影的、“了不起”的事，想要尽快看到成果。孩子爱花，但是，如果只允许他们欣赏花的美丽，他们很快便会失去耐心和兴趣，因为他们希望在劳动中发现美。

通过实验，我们得到许多超乎预期的结果，究其根源，都是因为孩子们有了自由选择的机会。

与播种相比，孩子更喜欢收获。或者可以说，正是由于有收获，播种的乐趣才有增无减。而收获越多的人，也越能体味播种的潜在魅力。

例如，收获果树的果实。采集杏仁对年纪小的孩子而言是一件很有趣的事。他们往往十分能干，总是卖力地寻找果实，然后放进篮子。寻找草莓和紫罗兰对他们来说也同样有趣。

通过这些实践活动，孩子们渐渐对在户外农田中耕作有了兴趣。如果大人挖沟，可以让孩子们把要播下的种子分成小堆并沿沟撒下。当地里长出一排排柔嫩的幼苗时，孩子们的眼睛和心灵都会得到满足。金黄色的禾秆随风摇摆，孩子们也热切地期盼收获季节的到来。虽然我们这种活动有特定的目的，但由此可以证明，田园生活比花的哲学及其象征意义更适合于培养孩子。

种植香料是另一种有益的劳动。孩子们可以学会辨别和选择不同的气味。辨别多种相似的事物需要付出很大的努力，但当学有所得时，便会产生更多的满足感。

当然，采集花朵也很有趣，但是，如果将采集花朵与采集花儿结出的果实相比，前者便显得多少有些违背自然规律。花朵以其靓丽的外表吸引昆虫而不是人，让昆虫帮它完成结果这一神圣的任务。那些懂得这一道理的孩子有时也会坐下来欣赏花朵的美丽，但是过不了多久，他们就会起身离去，去做别的更有益的事情，因为光看花也太没劲了。

让孩子从事的工作应该具有多样性。播种和收获本身的意义对孩子来说并不重要，重要的是他们希望看到自己的工作成果，从而卖力地去完成。例如，他们喜欢拔杂草、扫落叶、剪枯枝等。总之，我们应当为孩子提供一片广阔的空间，让他们有机会体验新鲜事物、尝试从事较难的工作，从中获得心灵的满足，通过与大自然接触，开辟出自己的新天地。

（玛利亚·蒙台梭利）

深究孩子的自然哲学

想象力在小学生的思维能力发展中扮演着非常重要的角色。孩子能通过想象力，根据掌握的知识形成特有的世界观。想象力足以让孩子突破现实世界的束缚，成为一种惊人的力量。

不管造成人类和自然界日益疏远的原因是什么，受害最大的总是孩子。在原始社会，孩子生活在大自然中，通过近距离观察动植物的生态过程，塑造属于自己的独特人格。

6 岁大的孩子会根据对自然界形成的印象，树立一种不成熟的世界观。他对外界事物的感受有多少，直接决定着他对世界的看法有多深刻。

上小学的孩子便开始寻求各种因果关系。他们不断地问为什么，希望大人能提供满意的答案。为什么这颗石头发亮？为什么蟋蟀不停地叫？为什么只有一部分动物白天出来活动和觅食？孩子通过大人的回答推断自然现象中的因果关系，进而建立起自己对自然界的哲学。处在这个年龄段的孩子肯定会问与自己出生、成长、过去和将来命运相关的问题。我从哪里来？我将会到哪里去？年龄大一些的孩子是以很严肃、很成熟的态度问这些问题的。他们学习历史、生物、数学和语言等学科时，都希望能满足求知的本能，找到对上述疑问的合理解释。每个孩子都知道自己是所处环境的一部分，因此，想知道自己和外部世界之间的关系。孩子在看到有生命诞生或死亡时，他们的自我发展便会明显地前进一步。例如，他们会谈论死去的松鼠、受伤的小鸟或者被肢解的昆虫。他们对生命过程的感受非常真实，也非常接近。因此，亲近大自然是培养孩子对现实世界敏锐感受的不可或缺的一环。

想象力在小学生的思维能力发展中扮演着非常重要的角色。孩子能通过想象力，根据掌握的知识形成特有的世界观。想象力足以让孩子突破现实世界的束缚，成为一种惊人的力量。蒙台梭利博士早就发现了这种力量，她知道，通过想象，我们不仅能穿越无限的空间，更能穿越无限的时间。我们可以想象逝去的时代和地球的原始风貌。因此，孩子的世界观是以想象为基础的，他既能想象过去，也能想象未来。

学校和家庭良好教育的秘诀，在于为孩子提供恰当的想象素材，从而不仅帮他们树立信心，而且激发他们的兴趣。蒙台梭利建议大人为孩子描绘一个有关宇宙形成过程的全貌，以此激发其想象力。她说，给 6 岁孩子描述宇宙形成的故事，要比给他讲侦探故事或童话更有价值，因为前者为他建立的是无比神秘的想象空间，要比后者宽广几千倍。如果用抽象的方式讲述地球和生命的起源，将激发孩子了解大自然的好奇心，以及解答他不停追问的诸如“我从哪里来？”“我为什么在这里？”等问题。

从探索现代知识奥秘的角度看，了解恐龙、甲胄鱼、三趾马和剑齿虎等动物似乎没什么用，但孩子却能从这个广阔的宇宙空间感觉自然界，并由此产生源源不断的兴趣。

所有知识都是通过与宇宙接触获得的。当孩子用心感知整个宇宙时，那将是一次伟大的探险。孩子将从历史的、宏观的角度出发，用想象力缔造一个美妙的未来。

地球万物（包括无数复杂的动物与植物）都是很好的故事素材。这些故事与孩子本身密不可分，因为他们一定想知道自己怎样来到人世、与父母是什么关系、将来会怎样等。如果能让孩子了解生命的成长历程以及人类生命和其他生命的关系，那么，等到他们进入青春期后，便能有效解除对性的好奇和疑惑。

大众传媒经常悲观地报导有害物质辐射、大气污染、水污染等环境遭到破坏的信息，这只能让孩子和青少年感到困惑。对地球的下一代主人公来说，这些信息令人沮丧。毕竟地球仍然有它的美丽和壮观之处，仍然有许多尚待开发的资源。如果我们改变教育下一代的方式，要求他们遵守自然法则，教导他们如何净化土壤、消除水污染的源头以及如何节约能源，那么地球生命的前景仍然光明。人类倘若与大自然携手，便能找出一条迷途知返的道路。

这一切都要从孩子抓起。全家人一起到野外郊游时，大人可以指着山谷溪流，向孩子讲述这些地形的形成过程。随后，我们可以介绍宇宙起源的故事，告诉他们眼前的一切（包括他们的父母、祖父母、曾祖父母以及所有建筑物和一切生物）都不存在的时候，宇宙可能是什么样子，地球可能是什么面貌。

通过这些方式，孩子有机会产生对真实历史的感受以及无限的想象空间。这些伟大故事的背后，蕴含着深奥的思想和哲学。此时，为了追求真理，我们可以到书架上找出《圣经》，在薄纸金边的《圣经》一开头，便写道：天与地最初是神创造的。大地空虚混沌、渊深黑暗，神灵在水面上漂浮。

真理是什么？我们也不能确定。但我们有责任告诉孩子，从细小的生物、他们自己、家里的后院直到无垠的宇宙，都能找到真理开始和结束的足迹。

（大卫 · 肯）

chapter 27

自然、宇宙与历史

生命等于一个“劳动者”、一种“具有创造性的媒介”。在本能的指引下，生命的不同力量不断执行着特殊功能，其目的在于维持“自然界的秩序”。

在《有吸收力心灵》一书中，我阐述了潜意识和孩子发展的关系，以及潜意识对孩子人生的深远影响。今天，我想谈谈潜意识和大人生活的关系。之所以如此，一方面是因为潜意识是促成一个人接受新教育、获取更高文化的重要因素；另一方面，是因为我们可以试着从潜意识这一崭新角度，去阐释人类社会的各种复杂现象。通过研究人类历史这一切实可行的方法，我们可以用潜意识重新解释文明的演进过程。

西方人小时候都读过一本名为《圣史》的书。这本书一上来就开宗明义地描述了宇宙的创造过程。读这本书的人当时似乎有一种直觉，即人类在地球上的命运多舛，前面有太多未知的苦难。其实这本书是供孩子阅读的《圣经》精华版，之所以叫做《圣史》，是因为作者认为人类历史的演进乃受上帝指引，而不是凭借偶然性或者归因于人类自身的努力和智慧。

宗教是人类表达情感的一种渠道，它反映出当时人类的心理状态，并且往往成为后来科学发展的推动力。难怪从科学的观点看历史，人类觉得都走的是类似的路。直到今天，科学家让我们眼中看到的历史，仍然不过是多种事件的组合。（也许用“组合”这个字眼不太恰当。）科学家唯一能提供的证据，就是作为万物之灵的人，是由猴子进化而来的。就人类乃至物种的起源来说，这一条证据又未免太单薄了。关于社会历史或者说人对地球的特殊功能，又该作何解释呢？

人类历史中断的环节依然是不同事件的相互关系和组合，即造物主根据一个设计计划，在冥冥之中指挥着万事万物的运行，以彰显这一计划的实施。

人的潜意识比生物学（人由动物演化而来）更能深入探索人的起源和人类历史。它为事件和环境提供了证据链条中的第一个环节。潜意识虽然没有计划地揭开物种起源的秘密，但却真正揭示了宇宙计划的存在。

科学研究结果表明，潜意识与上述宇宙计划有着惊人的关联。这一关联足以激发人类的想象力，并使人类愿意接受这一计划存在的事实。

在短暂的人类历史中，人类和其他生物一样，既享受了荣耀，也承受了痛苦。

潜意识是人类的专利。人类只有先具有推理的意识，然后才能通过文明的进步，推动社会进入现在的高水平。但在人的内在感觉中，却有一部分（很小一部分）从来没有被意识到，它们只是间接地出现于意识领域。因此，目前人类看到的世界，是通过人的意识本能、意识到的刺激和渴求以及人类智慧缔造的卓越成就，在经过自我组织之后才呈现的。

我们这里所说的环境与“揭示宇宙计划存在这一事实的事件”的关联，并非现代生态科学阐述的那种相关性，而是特指人类的心理状态。换句话说，人类以为社会生活中的事件仅仅是意识努力的结果，但事实上它们受到“创造性潜意识”的影响和指引。对此，我们并没有直接证据，我们是从动植物的生命过程中推断出人类生命过程的。与上述一样，这种推断也不是生物学所说的进化论，而是指所有生物的行为以及通过大自然表现出的力量。

人们已经逐渐从一种更宽广的角度，来研究以“生物的演进及其与环境的关系”为重心的科学。从前，这门科学侧重于研究生物演进与环境的关系，即地球上两大生命体（动物与植物）寻求生存和适应环境的互动阶段；而现在，即使是最严谨的生物学也开始考虑生物历史中的地质学课题，因为生物学家也想知道，生物是否曾经通过建设性的努力来竭力改变环境。

从这个角度看，生命等于一个“劳动者”、一种“具有创造性的媒介”。在本能的指引下，生命的不同力量不断执行着特殊功能，其目的在于维持

“自然界的秩序”。每一项任务都必不可少。与自身生存相比，每个生物个体都“更加”关心所属物种群体演进的益处，从而都积极为所属物种的演进竭尽全力。

所以，生命的目的已超越生命本身，不再受限于狭隘的自我维持和自我保护，而是进入一个更宽广的领域。

所有生物的行为都分为两个层次。第一个层次是自我维持，这是一种意识行为，也是生物学特别关心的课题；第二个层次是生物为维持环境所作的贡献，这是一种潜意识行为，也是地质学关心的领域。同时从这两个观点审视动植物的行为，就比从其他角度更容易理解自然界的形成过程，而且解释得也更加合理。

我们可以通过例子证明这种新观念。先看植物。

植物维持生命的功能，是一连串奇迹的结合。植物必须依赖于阳光，阳光帮植物吸收二氧化碳，再向大气层释放出氧气。植物吸收的二氧化碳本来有害于所有生物，但植物却能将其转变为纯氧，从而成为其他生物不可或缺的生存要素。将一种有害物质转变成维持生命的要素，这是植物的主要功能，一种与整个宇宙有关的伟大功能。

现在不妨想象一下：如果植物和我们一样，也具备意识能力，会是一种什么情况呢？

植物身上数不清的构成要素将能意识到什么？当然，首先意识到的是植物的生命需要。植物最渴望得到的就是二氧化碳，这是构成植物成分的一项首要要素。氧是植物最不喜欢的东西。正如人体必须消化食物但却对排泄出来的废物退避三舍一样，植物也会不断“排泄”出氧气，从而起到净化作用。

植物将会崇拜阳光，将这个燃烧的大火球视为它们最大的“恩公”。事实上，通过不断地净化大气层，植物早就成了地球上所有动物的救命恩人。

第二个例子是海洋生态，考察海水的净化过程。每一天、每一小时、每一时刻，无数携带碳化钙的海水都会从世界的四面八方汇入海洋。另外，海水经过不断蒸发，留下许多海水无法溶解的物质。正如二氧化碳对于陆上动物是有害物质一样，碳化钙也是海洋生物的有害物质。碳化钙的比例稍微超过标准范围，就能毒死许多浅海甚至深海的鱼类。

化解这个危机的，是全世界不计其数的珊瑚虫。和其他不常见的神秘动物一样，珊瑚虫对宇宙的贡献虽然很少为人所知，但却是海洋生物不可或缺的拯救者。珊瑚虫建造了一副专门吸收碳化钙的“骨骼”，使碳化钙成为非溶解物质，从而确保无数海洋生物不会被毒死。倘若珊瑚虫的这种功能停止发挥，整个海洋便将成为死亡的深渊。

我们从地图上大致可以看出珊瑚虫建造的伟大工程。全世界的珊瑚岛有几千个，拉卡地夫群岛（位于阿拉伯海，属于印度）、马尔代夫（锡兰西南部的一个群岛）和玻利尼西亚（位于中太平洋）等不过是其中为人熟知的几个。证据显示，甚至连大陆都可能是珊瑚形成的。

我们再来想象一下如果珊瑚有意识会是什么样子。首先，它们一定了解团结和统一的好处，对自己建造的工程一定感到无比骄傲！是的，与它们的宏伟工程相比，人类的建筑和城市建设的真犹如小巫见大巫。

植物和珊瑚不过是我列举的两个例子罢了。其实，每种生命都有类似的功能，只是有些重要性较低，有些重要性更高罢。但无论是哪种生命，一定都是根据其内在的本能繁衍生息的。这就是他们得以继续存活的原因。至于存活时间的长短，则取决于这种功能的履行程度。

诸如牛、水牛、美洲野牛等反刍动物，为什么不利用庞大的身躯和锋利的牛角觅食，却偏偏喜欢吃草，而且古往今来这种习惯从未改变呢？在青草很难消化的情况下，为什么牛科动物一直甘愿过这种“苦行僧”生活？为了消化青草，牛科动物的胃被迫进化得具有反刍功能。既然牛科动物有足够的力量和武装，为什么不去寻找更容易消化的食物？如果物竞天择是生物进化的关键，那么，还有哪种动物能像它们那样更适于捕食其他动物？但是，如果仔细观察牛科动物，我们就知道它们对地球生态平衡作出的贡献了。低头吃草时，它们就像是对母亲（地球）谦恭地行礼和致意。它们啃掉青草的茎，却不伤及草根。为什么早在人类出现之前，牛就能用这种方式吃草？

原来，青草具有一种特殊功能，能使土壤变得更加肥沃，让其他植物长得更加强壮。腐烂的草根是腐土的主要成分，而腐土是最肥沃的土壤。

直到最近人类才发现这个道理，因此设计和发明割草机时，都遵循刚好割到草根附近的原则。然而，光是割草还不足以形成腐土。含有草根的土壤必须受到重压（诸如小型压路机之类的割草机在割完草之后，之所以会顺便压平草地，就是这个道理），然后再添加适当成分的化学肥料，才能形成肥沃的腐土。

牛科动物不正是这样做的么？它们啃掉草根以上的部分，用身体（牛的体重不亚于一台压路机）压平草地（它们经常坐卧在草地上），然后将反刍之后多余的养料吐还给草地，当作一种天然肥料。

从这一点来看，牛科动物扮演的不正是经验丰富的农业学家的角色吗？自从地球上有牛这种动物以来，它们就始终在负责维持草地的繁茂。直到今天，它们的表现依然出色。简言之，牛科动物在间接地帮助植物成长到最适当的程度。

印度人将牛视为神圣的动物，可能基于两点原因。第一，牛虽然力大无穷，但性情却很温顺；第二，牛的乳汁丰富，也从不吝于赐给人类。但印度人却不知道牛的主要任务，也就是说不了解牛对宇宙的贡献。因此，包括人类和地球在内，都应该感激牛所做的一切。就算牛和人一样有意识，恐怕也不会自诩为卓越的农业学家。

每种生物对于宇宙都做出了不同的贡献。要讲述这些奇妙的贡献，恐怕几天几夜也说不完。每种生物都忙于完成内在本能指引给自己的任务。它们之间的任务可能相互重叠和冲突，但就整个地球而言，这种重叠和冲突却是维系微妙的均衡关系的必要过程。

为什么土壤的表层里到处都是活力充沛，但看起来让人恶心的蚯蚓？蚯蚓以腐土（其实就是地球自己）为食，而且从来不知道吃饱是什么感觉。如果将一只蚯蚓一天中的“粪便”连成一条直线，长度大约是其体长的200倍。在我们看来，“粪便”是个让人恶心的字眼，但它却是改良后的土壤，或者说“更肥沃”的土壤。换言之，蚯蚓的“粪便”里充满各种养分，是植物的最佳美食。

蚯蚓这种奇特而不知满足的食土欲，就是它们对宇宙的贡献。不过，即便某一天拥它们有人类那样超常的智慧，也根本不会意识到自己竟然肩负如此重任。

再来看一个类似的例子。兀鹰是世界上体型最大、最强壮的鸟类。它的脖子上没有长羽毛，但在长脖子下面却有一圈漂亮的白色羽毛。它为什么会长得这么奇怪？

兀鹰的智慧有点类似于发明木乃伊的古埃及人以及防止尸体腐烂的现代

人。人们为防止尸体迅速腐烂，首先要做的事就是除去尸体的内脏。造物主分配给兀鹰的任务也是如此：吃动物尸体的内脏。由于兀鹰必须把头钻进尸体中享用内脏，因此，如果脖子不够长，且有羽毛覆盖，一定会弄得很脏。然而，为什么兀鹰要选择动物尸体内脏这种恶心的食物呢？凭它的力量和体格，不是可以捕食更洁净、更美味的食物么？同样，这个问题并非“求生存”问题。和其他生物一样，兀鹰只不过是遵循内在本能的指引，做它份内的事情罢了。诸如昆虫中的白蚁、甲虫，鸟类中的秃鹫，甲壳动物类的螃蟹，哺乳动物中的土狼、胡狼等，都以动物的尸体为食。如果没有它们的存在，这个地球上将遍布腐臭的尸体。

说完其他生物的本能，现在开始我们要谈人类了。被冠以“最完美动物”美誉的人类，一定也被赋予了某种有益于宇宙形成的任务，以维持地球的秩序吧？

按说，人类之所以来到地球上，不会只是为了享受其他生物的劳动果实，甘愿当无用的寄生虫。

我们发现，人是伟大的劳动者，又是拥有丰富资源的生产者，这一点毋庸置疑。人像“酵母”（更高层次生命的“酵母”）那样改造着地球。人当然不是到地球来享乐的，不过令人奇怪的是，造物主为什么将人派到地球上来，牺牲许多享乐，而甘当一名朴实的劳动者呢？

和其他生物一样，人只想到了自身需要，只意识到了自己，心中充满着自私的想法；和其他生物一样，人必须维持生命、繁衍后代，必须克服危险、保障自身生命安全。也许人认为自私是应该的，因为其他动物也是自私的。然而，除了自私之外，每种动物都被赋予了一项崇高的使命，即维持宇宙秩宇的井然。他们是地球这个大花园中的园丁，整天忙忙碌碌地灌溉和耕耘，希望这个大花园一天比一天美丽。所有生物都是如此，人类应该比他们更伟大才对。

这便是历史的任务：揭开人类生命的其他假面，阐释人类对宇宙的贡献，揭示人生短短几十年中潜意识行为的真正价值，并对过去发生的一连串事件做出新的诠释，以进入人类演进过程的更高阶段。

（玛利亚·蒙台梭利）

PART 8

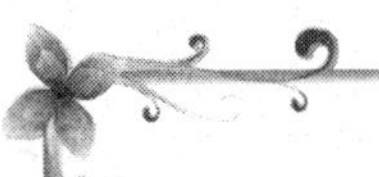

家居环境

为孩子设计适宜的家居环境，是父母向孩子示爱的重要途径。在布置家居环境时，父母不仅要致力于加快孩子的独立，更应该让孩子了解父母对他的尊重和关注。

chapter 28

孩子的家居环境

处于敏感期的孩子在父母的耐心教导和关爱下，在大人精心设计的宽松环境里，自己穿衣服、生活自理的需求都能得到满足。在这种环境里，孩子将毫无阻碍地塑造出独立的人格。

孩子们各不相同，因此孩子的家居环境也应该有独特的个性。请大家按照下列原则，为家里的孩子设计出一个真正合适的环境。

可以针对孩子的需要，重新设计或布置一个恰当的家居环境。这可能是一件很简单的工作，比如拿走装满玩具的箱子，换上一些颜色鲜艳的木板和砖块；但也可能要求你彻底改变对孩子的态度，包括对其权利和责任的看法。3 年前，我给一个 5 岁的美国男孩当保姆。这个小男孩的家里布置得很特别，既体现了祖籍为意大利的父母对孩子的尊重，又蕴含着美国人的精巧构思。

这个名叫詹宁的男孩住在家里一间最安静的卧室。从百叶窗向外看去，是一片长满绿色植物的庭院。窗沿的高度正好适于他向外眺望。詹宁不仅可以自己开关窗户，而且够得到电灯开关和门按钮。他的小床下面铺着一张弹簧床垫，再下面是一根根圆柱形的弹簧。床高度得当，这给了詹宁充分的自由、舒适和安全感。由于大人用睡袋代替被单和毛毯，因此詹宁每天早晨都很轻松地铺好床。詹宁的小睡衣和外套挂在小号的衣帽架上。床上的毛毯像个“广告牌”，上面全都是各种动物、旗帜、人物的图案以及詹宁自己的画作。

屋里用整整一面墙制作了搁物架，上面摆满了书籍和玩具，但看起来非常整齐，丝毫不显凌乱。所有东西都摆在包括盒子、篮子、盘子和塑料袋的容器里。另外，还准备了一筐积木，里面除了一组形状规则的积木之外，还有许多积木奇形怪状。詹宁和母亲一起，用硬纸板盖了一间谷仓，然后漆上鲜艳的红色，仓库则漆成白色，上面写着“詹宁的农庄”几个大字。詹宁可以随意用一箱“动物”和一箱纸“人”摆在谷仓周围，从而呈现出一幅幅形态各异的丰收景象。詹宁的积木筐装有盖子和把手，便于搬来搬去。他用积木堆成一张小红桌和几把小椅子，这也是他目前正在进行的工程的一部分，这项工程便是用硬纸板和纸张搭建一个飞机场。

詹宁的衣服放在一个长长的工具箱里，高度适中，以便他能自己打开抽屉，并看到抽屉里所有的物品。詹宁在 4 个抽屉外面分别贴上袜子、上衣、裤子和内衣 4 种标签。长形工具箱旁边是一个配套的衣橱，里面挂着詹宁唯一的一件“出行礼服”。衣橱里还有个圆窟窿，供他放置穿过的脏衣服。这个配有如此贴心衣橱的长形工具箱是父亲亲手制作的。当然，也可以买个小型衣篮供孩子放脏衣服。

处于敏感期的孩子在父母的耐心教导和关爱下，在大人精心设计的宽松环境里，自己穿衣服、生活自理的需求都能得到满足。在这种环境里，孩子将毫无阻碍地塑造出独立的人格。

我一直有这种感觉：这个房间不是“孩子的房间”，而是“詹宁的房间”。这个房间与詹宁现在的兴趣和活动需要的满足相得益彰。处在这个年龄段的詹宁，对飞机、飞机模型、空军和空中运输工具等特别感兴趣，并对动物和各式各样的交通工具感到好奇。在詹宁的房间里，我们看到一切都井井有条。詹宁每用完一种玩具，肯定都会放回原来的容器，然后再将容器放到原来的架子上。(顺便提一句：许多家长向我抱怨说，他们一心培养孩子用完物品放回原处的习惯，却被先生或太太破坏。父母往往随手抓起玩具汽车、积木或某种游戏用具，就近往一个可以拿到的篮子里一塞，就算向孩子做了“物归原处”的示范。)让孩子观察到摆放得井然有序的物品很有必要，对 3 岁半甚至更大的孩更是如此。

如果孩子有一种希望整理凌乱物品的冲动，那肯定是由于目睹过大人的示范。当孩子第一次根据对环境的印象行事时，表明他对秩序开始敏感。如果能够明确行动步骤供孩子遵循，那么他在从事这种有目的的劳动时会觉得有滋有味。除此以外，没有任何方法能让孩子如此专心致志地“工作”。

将浴室设计得适合孩子的需要，是一件很重要的事。在没有大人帮助时，孩子够得着脸盆、牙刷、牙膏和肥皂吗？能自己拧开水龙头吗？自己能拿得到浴巾和洗脸毛巾吗？坐在马桶上时，他能拿到卫生纸吗？多数父母想出一个变通的办法，就是在马桶前摆张小凳子。可是这种小凳既不安全也不让人舒服。有些父母则沿着马桶四周钉一个高为 6 到 8 英寸的木台，并在脸盆的下面摆一块长和宽各为 3 英寸的台子。

蒙台梭利博士认为，家里的每个房间都应该有一个属于孩子的角落。例如，在起居室的某个角落，詹宁的唱片和唱盘摆在一张小桌上，旁边有一把小椅子。在詹宁母亲房间的某个角落，有几块从博物馆买来的石头、几块詹宁自己找到的化石以及两只蝴蝶标本。走廊里有一个角落是詹宁的艺术园地。这里摆了一张长长的矮桌和一个橱柜，里面陈列了各种“艺术创作工具”，包括神奇荧光笔、五颜六色的蜡笔、糨糊、画纸、破布以及可以当作美术拼贴材料的废弃物如硬纸筒、瓶盖、软木塞、包装纸、丝带、保丽龙盒以及装蛋的盒子等。大人在一面墙上铺上壁纸，画上去的颜料也可以洗掉。詹宁既可以在墙上信手涂鸦，也可以练习洗刷墙壁。从毛刷、肥皂、海绵、干布到水桶、清洁工具，一应俱全。2 岁半到 6 岁大的孩子都乐于保持家中的环境清洁，包括擦灰、刷洗、清洗、上蜡等。与在学校里相比，他们在家中能够更轻松地把这些事情搞定。

詹宁的父母除了在每个房间陈设供孩子使用的舒适家具、尊重詹宁的家庭成员身份之外，更是处心积虑地在家居中吸取意大利文化元素，以此表示对孩子的支持。詹宁家里的系列儿童家具材质都很轻，款式和颜色各异，很适于孩子使用。这种家具的价格并不高，几乎家家都买得起。我还记得，一张小椅子不过 2 到 5 美元，桌子可能稍贵一点。孩子希望与慈爱的父母接近，而且喜欢趁父母在厨房忙碌时跑去撒娇。起居室和厨房是孩子从事不同活动的理想地点，但不要让看电视成为孩子的主要活动。蒙台梭利博士强调的是“看得见、摸得着”的具体方法。

为孩子设计适宜的家居环境，是父母向孩子示爱的重要途径。在布置家居环境时，父母不仅要致力于加快孩子的独立，更应该让孩子了解父母对他的尊重和关注。

（芭芭拉 · 凯恩）

chapter 29

为孩子营造合适的环境

学校和家庭都应当切记以下基本原则：家具的材质一定要轻，以便孩子能轻易移动它们；照片或图片要挂在孩子容易看到的地方。

由于孩子始终生活在大人的世界里，因此不论走到哪里，他们都找不到适合自己的环境。对现代的孩子来说，这种“不公正”现象尤为显著。例如，孩子周围的各种东西都不合他的尺寸，因此孩子看不出自己和这些东西有什么关系。

我相信，如果有机会在自己为孩子营造的环境里待上一天，我们肯定会觉得极为不适。我们一定会不遗余力地保护自己，然后嘟囔着说“不，这不是我想要的！”但是，如果母亲肯为孩子营造一个适合他的环境（包括陈设相应尺寸的家具），让孩子有机会消耗精力和智慧，那么他一定会觉得自由自在。当孩子拥有属于自己的环境时，父母的教育便算是取得了重大进步。学校是针对孩子的需要而建立的场所，因此学校里家具和设备的大小一定要考虑到孩子的需求和生理需要。只有这样，孩子才能像大人在家里移动家具那样，毫不费力地移动学校里的家具和各类设备。

因此，学校和家庭都应当切记以下基本原则：家具的材质一定要轻，以便孩子能轻易移动它们；照片或图片要挂在孩子容易看到的地方。地毯、花瓶、碗盘等处在孩子周围环境中的物品，都应遵守上述原则。总之，家里的一切物品应尽可能让孩子使用，生活中的简单工作，如打扫卫生、用吸尘器吸地毯、洗手、洗澡以及穿衣服等，都应该让孩子自己动手做。孩子周围的物体应当坚固而又不失吸引力。“儿童之家”里的所有陈设都应当既可爱美观又让孩子愉悦。大人都知道，一个里里外外都布置得很美的家，有助于促进家人的团结和谐。同样，在环境优美的校园里，孩子们也乐于从事各种活动。几乎可以说，孩子的活动量和环境的美丽程度成正比。在优美、亲和的环境里，孩子更乐于主动探索新鲜事物；反之，在凌乱而肮脏的环境里，孩子对发现新事物没什么兴趣。

孩子对美好的事物都有敏锐的直觉。一天，旧金山蒙台梭利学校有个小女孩到一间公立学校参观时，一眼就发现课桌上积了下少灰尘，于是问老师：“您知小朋友们为什么宁愿看到课桌和椅子肮脏也不愿擦掉灰尘吗？因为你们没有漂亮的抹布。换作我，我也不愿意擦拭这样的课桌。”

孩子用的家具一定要能水洗，这不只是为了卫生，其真正的原因是，孩子不仅乐于做清洁工作，而且可以做得很好，可以水洗的家具正好符合要求。在清洗过程中，孩子将学习如何善始善终地做好一件事。久而久之，他们将培养出一种习惯，认为清洁周围所有的事物都是自己的责任。

经常有人对我说，为了减弱家具由于四脚不平而发出的难听的噪音，他们喜欢用橡皮做成垫子垫在下面。可是，我情愿听到这种噪音，因为那是孩子动作不正确而发出的信号。孩子不太掌握正确的动作要领，也不知道如何控制动作。与大人不同，孩子并不知道如何控制肌肉，所以才做出错误的动作，这完全是因为他们还没有学会肌肉运动的次序以及最有效地使用肌肉的方法。

在“儿童之家”，每次课桌和椅子发出“冤鸣”时，都说明孩子们的使用不得要领。时间长了，孩子们将会发现这些噪音是由于自己动作不对造成的，从而想方设法协调好肌肉动作。

另外一点也很重要：不论是在学校还是在家里，都有一些易碎的物体，如玻璃杯、瓷碗、瓷盘、花瓶等，不过这些物品可供孩子学习抓握。此时，大人肯定会大叫：“什么？让三四岁的孩子拿玻璃杯！他们必定会打碎它！”说这种话的人，对玻璃杯的重视程度更甚于小朋友。在他们心目中，一件不值钱的玻璃物品似乎也比“让孩子接受身体锻炼”重要得多。

只要身处真正属于自己的空间，孩子们一般都会规规矩矩，想办法控制自己的动作，久而久之，在没有外界刺激的情况下，他们也将逐渐掌握各种正确动作。到这个时候，他们将会焕发出莫名的喜悦和自豪。有时候，他们令人欣喜的表现不由得让人感到，他们成长的道路不仅合理、而且正确。因为真正能引导一个3岁大的幼儿自我发展的“带路人”，除了“成长”本身还能有谁呢？孩子将一天天长大，一天天变成大人。在这一过程中，他只有尽力“做”好每一件事，才能成为一个身心健全的人。换言之，他应该多做那些“应该自己动手”的事，因为习惯成自然，多练习有助于他的发展。洗手很有趣，但自己洗手的乐趣更多，因为这个动作是他们自己完成的。所以说，行为已经成为孩子人生旅程的一部分，而且成为他所有力量的来源。

当孩子一天天长大，通过亲历亲为而逐渐实现自我完善时，大人应该做些什么？我们通常都会尽力去阻挠他们的自我实现行为。例如，许多学校的课桌和椅子都固定在地板上，而孩子们尽管活泼好运、动作笨拙，但并不一定会把可移动的课桌和椅子弄坏。将课桌和椅子固定在地板上，我们当然能换来比较有序的环境，但孩子们在活动过程中却无法学会维持秩序。同样，我们也可以买一些作为金属制品的杯盘供孩子使用。但如果这样做，将会激起孩子内心的叛逆本性，因为他们想，反正这些物件也摔不坏，所以不仅不会小心翼翼地拿好，而且会故意往地上扔。我们喜欢以“眼不见心不烦”的态度面对自己不希望看到的事，而面对真正犯错的孩子，我们却又无法让他对自己的失当行为负责。且不说孩子可能会把错误行为当成习惯，置身于上述环境的孩子的身心发展肯定会受到束缚。孩子嘛，总是兴致勃勃地想靠自己的能力做点事，可是我们一看到他们的动作笨拙、蹩脚时，却又忍不住出手相助，帮他做他正准备做的事情。

我们的这种冲动似乎在“鼓励”小朋友：你想自己洗手、洗澡、穿衣服是不是？不必为这些事担心，我就在你身边。你想做任何事情，我都会帮你做好。于是被我们夺去自由意志的孩子无所适从。我们对自己的这种错误行为不以为然，并且深信是为了孩子好。究其原因，是因为我们没有设身处地地替孩子考虑。孩子从出生到长到三四岁，始终生活在封闭的环境里。大人不允许他弄破、弄坏、弄脏所有的东西，却又什么都不给他。他既没有机会练习使用常用物品，也没有机会练习一些平常动作。他们本该体验的经历完全被大人剥夺，他们的人生是那样苍白。

还有一种孩子什么事也不会做。他们成天毛毛糙糙，干什么事也没劲。他们讨厌洗澡，父母却也听之任之，绝不干涉他们的“自由”。每个人都说，这种孩子的父母可真有耐心，每天面对这样的孩子还能沉得住气，并说他们的确是天下难得的好父母。这算什么好父母呢？他们对“什么真正对孩子有益”的理解简单错得离谱！

对孩子真正有益的教育，并不要求父母忍受各种不当行为，而是要父母找出防止孩子越轨的方法，设法让他们自然地成长和发展，并为他们的成长创造条件。

孩子处在属于自己的天地里时，我们将发现，孩子对这种环境有所反应，并通过实践的磨炼逐步实现自我价值。在这种环境里，他不仅有机会自己拿东西，而且有机会从拿东西的过程中体验并改正错误动作。这才是正确的途径。那么，父母应该怎么做呢？

什么都不用做！

我们已经挖空心思地为他提供了所需的一切。现在，我们应该学会袖手旁观。我们既不要打扰他，让他觉得不耐烦，也不能放任自流。当孩子全心全意去做一件自认为重要的事情时，肯定会流露出满足的神情，并且始终心情平静。既然如此，我们除了在一旁观察，还能做点什么呢？

（玛利亚 · 蒙台梭利）

日常生活练习

婴儿进入某个年龄，即襁褓期和幼儿期时，对动作模仿特别有兴趣。在这一时期，婴幼儿的肌肉和神经系统对动作练习已能产生强烈的反应。

许多父母以为弄一些字母图案在家里，就算践行了蒙台梭利的教育哲学。他们将发现，只要为孩子的日常生活提供恰当的锻炼机会，父母在家里也能和孩子和平共处，就像孩子在学校和老师一样。蒙台梭利博士曾说："孩子每天工作的最终目的，就是创造出他将来要变成的那个大人。大人工作的目的，是使环境更加完美；孩子工作的目的，则是使自己更加完美。"可以从下面的例子辨别孩子和大人的差异。一个炎热的夏日，有个父亲带着他年幼的儿子在海边挖沙。父亲用一把大铲子将沙子倒到一个大桶里，小男孩则用小铲子往一个小桶里装沙，然后再把桶里的沙倒掉，随后再把桶装满沙，如此反复。如果这时有人愿意帮助父亲，父亲肯定会把铲子交出来，但是如果想帮助小男孩，肯定会遭到拒绝。他会紧紧抓住铲子不放。因为他手头的工作必须靠自己去完成。通过反复不断地做同一个动作，小男孩的肌肉得到强化，动作更加协调，并且对掌握特定的技巧充满信心。没有人要求他必须铲沙，他是受到天性的指引才这么做的。

蒙台梭利博士即以这一发现为基础，设计出配套的"日常生活练习"。在每所蒙台梭利学校，这种练习都能鼓励孩子们做一些有意义的事，以满足他们的内心需要。其实这些有意义的事就是大人每天的例行公务，完成它们的目的，在于维持和恢复正常关系以及正常环境。对大人而言，这种练习既锻炼了身体，又具有实用性，因此目的明确。孩子对这些活动也特别有兴趣，希望能主动参与，希望帮大人完成这些任务。

孩子为什么会沉迷其中呢？对幼小的孩子来说，做这些事具有重要的“利己”功能，即有助于他们建立和完善自我。我们可别小看了这些事，它们不仅能帮助孩子发展自我，而且能开发他们的创造潜能，因为他们在做这些事情时，是全身心投入的。其原因在于：

1. 在做事的全过程中，这些事都很容易了解、不复杂。
2. 活动过程中含有看得见的动作。
3. 每个动作都有明确的规范和标准。
4. 这些事对孩子有吸引力。
5. 有助于他们掌握更复杂的技巧和动作。
6. 有助于他们学会自我约束。
7. 使孩子的思考、意志和行动更加一致。

日常生活练习大体可分为以下四组活动：

1. 照顾自己的练习。2 岁半到 3 岁大的孩子可以做的事不多，但其目的都在于建立自我、培养个性。首先他必须学会关心自己，然后再发展为关心环境。一开始他必须建立自我。此时，希望孩子能早日独立的家长可以教他如何照顾自己，包括使身体保持清洁（如洗手、洗澡、洗头等）以及学会自己穿衣服、脱衣服、洗衣服、擦皮鞋。这些活动都和他自己息息相关。会照顾自己之后，孩子就不会再过度依赖母亲或其他人了。我知道，为孩子从事这些不同活动做准备，并不是一件容易的事，因为人人都必须高度参与，抽出许多时间和精力，寻找适合孩子小手、小身板的材料。有时候，这些尺寸小又合体的材料并不好找，甚至需要大人亲自动手制作。

2. 第二组是关心环境的活动，包括打扫庭院、清洗地板、收拾餐桌、擦拭门把、浇花、除草等。

3. 第三组活动与人际交往有关，比如打招呼、乐于助人、接受帮助、道歉、道谢等，这些都是“礼仪课程”中的内容。

4. 第四组活动与动作有关，即动作的分析与控制。这组活动非常重要，上述练习均包含动作。我们曾经说过，“日常生活练习”之所以对孩子特别有吸引力，是因为在练习时他们可以做各种各样的动作，其数量比运用身体其他感官的次数都要多。我们在第四组活动中又专门设计了两种活动，分别是“在线走路”和“安静游戏”，旨在帮助孩子分析和控制动作。

分析动作是为了努力找出最经济可行的动作，或者说，为了用最少的动作达成同样的做事效果。这确实是做事的最高境界。从希腊或日本的民族舞蹈可以看出，跳舞者的每个动作都必不可少，都是经过细致分析之后确定的。不过，这些跳舞者的动作不仅和艺术有关，同时也遵守了现实生活中每个行动的通则。

婴儿进入某个年龄，即襁褓期和幼儿期时，对动作模仿特别有兴趣。在这一时期，婴幼儿的肌肉和神经系统对动作练习已能产生强烈的反应。

我们都希望帮孩子做出“有用”动作。帮助没有错，但不能取代和包办，变成孩子的仆人。在许多家庭特别是特权阶层或古代那样的贵族家庭，都有仆人伺候孩子（如今则是由母亲取代仆人的角色），但这样做风险极大，因为婴幼儿作为一个尚未发育的生命体，其发展过程将由于大人的“代劳”而受阻，孩子也会因此变得无助、无能和无力。

日常生活练习先从简单练习开始，然后再进行复杂练习。简单练习时间可能很短，复杂练习时间则可能很长甚至长达两天。以洗衣服和熨衣服为例，练习的时间就很长，而且程序复杂。第一天，孩子练习将自己穿过的脏衣服洗净，包括一些小件物品如餐巾、手帕等。有的餐巾或手帕上面绣有一朵花，或者镶有花边，或者染以不同的颜色、装饰有缎带或丝带，有的是亚麻织物，有的是丝织物。衣物洗净后，可以放在塑料篮子里或者摆在窗台上。第二天，再让孩子把它们拿出来熨平、叠好，摆进衣柜。

有一天早晨，我到一座学校参观。有个 10 岁左右的小男孩对我道：

“请问，您要不要来杯咖啡？”我说要。他一转身就不见了。不一会儿，我就把喝咖啡的事忘得一干二净。过了大约 1 个小时，我正准备离开，那个小男孩却从另一个房间走出来，小心翼翼地用碟子给我端来一杯咖啡。他有一套小号的咖啡研磨设备、一罐咖啡豆和冲泡咖啡的各种工具。这杯咖啡花了他差不多整整 1 个小时的时间，但不管怎么说，他确实制作出了咖啡。

以蔬菜和水果为原料制作出来的点心，绝对不会比烘烤制成的西点价格昂贵。你可以教孩子制作芹菜或香蕉切片，并在上面撒一点葡萄干作为装饰，或者做水煮蛋。以水煮蛋为例，可以教孩子如何使用定时器，计算将水煮开的时间以及鸡蛋煮熟的时间。由此，在烹饪过程中，孩子将同时具备“计算”与“时间”的意识。将煮熟的鸡蛋剥掉蛋壳，然后切片并排在小盘子里，便成了一道可口的餐点。

是否进行园艺工作必须根据气候变化而定。报纸通常只进行一般性的气象预报，只有专业杂志才会提供室内园艺所需的气象信息。可以在室内建一个小花园，养点小动物，种一些植物，并教孩子通过学习日历和气象图表去照看或培育它们。照料植物不仅可以成为孩子现实生活的一部分，还能为他们积累其他领域（如数字）中的学习经验。日常生活是不同活动的完整的组合，但活动必须与生活融为一体才有效果。

欧洲的孩子一般有适合不同活动场合的工作服。我想，这一传统可能源于中世纪，因为那时候不同的职业劳动者有不同的工作服，比如面包师、鞋匠、裁缝等。大家都知道，孩子都喜欢把自己打扮得漂漂亮亮的。孩子一穿上工作服，工作便开始，一脱掉工作服，活动也就停止。同一项活动通常会持续很长时间，因为孩子总想着把某件事情做到完美。

以擦皮鞋为例。穿上工作服的孩子，摇身一变便成了擦鞋的“鞋童”。一旦投入工作，他将发现每种鞋子（如皮鞋、人造革鞋、麂皮鞋、布鞋等），需要配以不同的擦拭方法。大人可以每种鞋挑一双来擦，并亲自给孩子示范，让他学习各种擦鞋方法。这不仅是一种练习，也是一个过程。

父母在家里应遵循什么原则，才能让孩子与现实生活紧密联系起来呢？父母终会了解，孩子将慢慢不再依赖于大人喂饭、帮助他穿衣服，而变得越来越独立。因此，应该给孩子提供独立锻炼的机会，并倍加鼓励。4 岁大的小孩就能自己整理床铺，而且乐在其中，但如果父母指着床对孩子说：“你看，怎么弄那么乱！”如果是这样，那可就前功尽弃了！孩子有尝试的意愿，并且身体力行地去做，这就够了。父母不仅不应该一味地指责和批评，而且还要不厌其烦地示范正确的动作，让孩子边体会边学习。多练几次，孩子一定能做得很好。

我们现在所谈的，是指导人类发展进步的“通则”。我们必须了解，上述倾向将左右一个人的发展，因此，必须让孩子顺着这个倾向，才能长大成为一个独立能力很强的人。

如果要培养孩子的内在素质，父母就一定要了解并且顺应人类的本性和倾向。探索新鲜事物、讲求秩序、明确性、方向感、动手能力和重复工作的意愿以及许多其他倾向，都将左右一个人内在素质的培养，而“日常生活练习”无疑能在这方面有所建树。再没有比这些练习更理想的方法了。因此，我们必须为孩子营造一个适宜的环境，让他置身其中探索生命的奥秘，体验自我控制和协调动作的乐趣。

当孩子进入一个新环境、开始探索新鲜事物时，肯定会发现有些活动模式是自己耳熟能详的，是自己曾经在家里看过或做过的。

为 3 到 6 岁的孩子营造环境时，应安排上述“日常生活练习”，因为它们能帮助孩子适应环境，并使孩子有机会不断重复各个步骤，不断提高动作的准确性。孩子可能需要父母帮自己整理物品（他可能有许多东西和玩具）。不过，父母注意不要给孩子太多东西，以免他忙不过来。孩子要有睡觉、吃饭和玩耍的地方，这些都与他努力想成为独立个体有关。聪明的父母都深知尽量让孩子“自己动手”的重要性，即便孩子吃饭时满手满脸都是饭菜，或者衣服穿得看上去别扭，那也没有关系。父母应尊重孩子的行事方法和节奏，尽量少在一旁指点或评头论足。

请允许我用蒙台梭利的一句话作为该文的结尾。这段话虽然没有特指性，但特别适用于“日常生活练习”中的情形：“在什么环境中长大的孩子，长大后就会成为什么样的人。不适宜的环境肯定对孩子的发展有负面影响。为了建立自我，孩子将在身处的环境中抓住任何可能的机会。”

（玛格丽特 · 华塔克）

chapter 31

让我帮忙吧

在示范正确的动作之前，我们要把所有东西都摆到一边，以便从头到尾完整地示范，这样做也有助于孩子们专心学习。

不论在古代还是在近代，孩子一直在参与家庭生活。在此过程中，孩子能培养出归属感，并从劳动中收获成就感。就这样，孩子逐渐长大成熟，并觉得有安全感。当然，父母一开始要求孩子做家务可能有点困难，然而总有一天我们会发现，与其将来因叫不动他而后悔，还不如现在就想办法教他动手干点家务活。倘若在孩子小的时候不教，以后他永远都不肯主动去做，而且会对这种工作不屑一顾。因此，大人宁愿早一点教会孩子。与其让孩子说："我要自己干家务！"，倒不如让他主动说："让我来帮你们吧，我能行。"

多数 4 岁左右的孩子都会钉钉子，5 岁左右的孩子能够搅蛋汁、熨衣服。孩子真正有能力做家务的年龄是 2 岁。当然，有很多工作对孩子来说任务太艰巨。因此，与其教小孩"整理房间"，不如先教他"擦掉书架上的灰尘"这种简单的事。

孩子喜欢擦厨房的地砖、木制家具上的指印，或者撣掉桌面的灰尘。和安排宴会、郊游等一样，对大人来说，预先想好孩子能做点什么、怎样让他帮上忙，都是一件既有趣又值得动点脑筋的事情。

蒙台梭利学校的老师在教孩子做事之前，自己必须率先练习一遍，以确保孩子能够成功和顺利。如果孩子准备做较难的工作，如拧开瓶盖或水龙头，老师在预备课上会逐一教他们学会。

在示范正确的动作之前，我们要把所有东西都摆到一边，以便从头到尾完整地示范，这样做也有助于孩子们专心学习。孩子的工具最好有专门的尺寸，比如抹布的面积为 4 平方英寸，小刷子的长度为 4 英寸等。

我们发现，在示范正确的动作时，最好让孩子们清楚地看到我们怎么做。示范的动作要缓慢、果断、高效。只有在绝对必要的时候，才边示范边解说，因为你示范时，孩子会专心致志地观察正确动作，如果你再说话，孩子就很容易分心。

聪明的父母都知道，如果不希望孩子模仿某些动作，就不该当着孩子的面做这些动作。例如，你想教孩子擦桌面上的污渍，最好等遇到这种情况时再去示范，而不要为了教他们而刻意倒几滴汤汁到桌上。因为这种错误的做法，会使孩子误以为倒汤汁在桌上是正当之举。

示范过某个动作之后，就该鼓励孩子大胆地尝试。你可以在一旁观察，但不要用言语打断他，或者嫌他做得不好，或者纠正他的动作。等他做完后，你可以找个恰当的机会再次示范，并顺便教他们“一次解决一个问题”。例如，可以对他说:“我们现在来试试，看怎样才能不让水溢出水槽、流到地板上。”另外，应该让孩子按照自己的节奏做。只要他愿意，时间长短都没有太大关系。

当孩子做完一件事时，大人要因孩子取得的成就而高兴，但不要“赤裸裸”地夸赞他。(千万不要在事情做到一半时夸赞，因为这是对孩子的干扰！)说“你擦得多亮啊”比说“你真是个乖孩子”对他更有意义。也许你的目的是希望他变乖，但他做事的目的却是把桌面擦亮，因此，当他知道有人肯定他的“杰作”时，自信心定会大增。

现在，你可以教孩子“将东西用完放回原处”的好习惯了。让他懂得做事不能虎头蛇尾，而必须善始善终，这一点非常重要。别忘了，一定要明确示范如何将东西放回原处，并要求孩子动手做一次。如果下一次还要使用，那就到时候再拿，但今天用完之后，一定要放回原位。在孩子学习的过程中，如果不是绝对必要，大人只需要在一旁静静地看，让他觉得你在关心他就行了。

每个孩子都以劳动为荣。他们并不像清教徒那样为了劳动而劳动，而是因为劳动给他们带来了无穷的乐趣，并且他们也知道自己能够把事情做好。你绝不会听到正在成长的孩子说“我真想成天躺在帆布椅里一动不动”。你家的孩子也许希望当“破烂王”、农夫或公交司机，但不管他的理想是什么，都不会希望自己长大后一知半解。

（凯琳 · 沙兹曼）

chapter 32

培养孩子的独立人格

任何对培养孩子有用的活动，都肯定与帮孩子培养自立能力有关。所以，我们必须让孩子在没有大人支援时学习自己走路、跑步、上下楼梯、拿地上的东西、穿衣服、脱衣服、洗澡、说想说的话，以及明确地表达自身需求。

营造良好的环境有助于培养孩子的综合能力，有助于他们学会各种技巧，进而塑造独立的人格，永远不再依赖别人。

我们总是习惯于“伺候”孩子。大人事事代劳和包办，对孩子不仅是一种负担，更蕴藏着危险。由于我们越俎代庖，孩子重要的自发性行为将受到抑制和禁锢。我们总是错误地认为孩子是玩偶，喜欢以对待洋娃娃的态度帮他洗澡、喂饭，但却忘了一件事：帮孩子做这些事的时候，孩子不仅无法亲身体验，而且也失去了锻炼机会。我们知道，小时候接受各种锻炼对健康成长是多么重要。只要有合适的锻炼机会，孩子的精力是完全能胜任的，其智力水平也能确保他掌握正确的技巧。因此，我们在任何场合对孩子的责任，都是鼓励他们去做那些与自身利益相关的事。母亲喂孩子吃饭，孩子自己却不会拿勺子、把食物送到嘴里，是因为母亲没有在吃饭时进行动作示范并让孩子在旁观看。这样的母亲算不上好母亲，因为她伤害了孩子的自尊。她把孩子当成玩偶，而事实上，孩子是上帝委托她照顾的有血有肉的人。

任何对培养孩子有用的活动，都肯定与帮孩子培养自立能力有关。所以，我们必须让孩子在没有大人支援时学习自己走路、跑步、上下楼梯、拿地上的东西、穿衣服、脱衣服、洗澡、说想说的话，以及明确地表达自身需求。如果说帮助孩子，这就是最好的帮助，仅此而已。只有这样，孩子的个体需求和欲望才能得到满足，而这些都是独立性教育的重要功课。

谁不知道手把手教孩子吃饭、穿衣和洗澡，要比大人“包办代替”难得多？因为手把手地教孩子需要付出极大的耐心，忍受各种令人厌烦的情形。但我们必须明白，前者是一种教育，后者虽然做起来容易，却是诸如仆人们做的“下等人”工作。母亲一心只想偷懒，却不知道侍候孩子会阻碍他们独立人格的培养。这是很要不得的。

这种培养方式可能会造成非常严重的后果，因为凡事让人代劳的“小王子”和“小公主”将会乐得事事让父母包办。这样的孩子由于长期缺少运动，肌肉将会逐渐萎缩，甚至无力做任何稍显笨重或略需技巧的工作。习惯于对别人颐指气使之后，他们的思维将变得越发迟钝，整个人也变得极为懈怠和懒散。总有一天，他将猛然发现自己身处险境，那时候再希望靠自己摆平局面，就必定因为心有余力不足而为时已晚。那些仆役如云的家庭更要警惕这种危险，因为在这种家庭里，孩子自己动手的锻炼机会极少。因此我们说，多此一举的代劳反而是孩子成长过程中的一大障碍。

（玛利亚・蒙台梭利）

让孩子勇于面对危险

聪明的父母愿意让孩子接触危险事物，而且是真正危险的事物。不过，一定要提前严肃地和孩子讨论可能发生的危险，以便他们心里有数。

父母对孩子遇到危险时表现出的过度关心，对孩子的正常发展反而是一种危险。

父母普遍关心孩子在家里时的安全问题。我们经常看到这种情况：父亲下班刚刚回到家，看到还在学走路的儿子拿起一枝削尖的铅笔玩，立刻抢过铅笔，生怕孩子会刺伤；母亲则在一旁见怪不怪地解释，说儿子经常爬到书桌上玩铅笔，不必如此小题大做。由于母亲成天和孩子在一起，经过细心观察，她对潜在危险和真正危险的区别已经了如指掌。极力提倡蒙台梭利教学法的卓斯顿先生对这类“危险问题”的见解非常精辟：

“如果当事人是孩子，人们通常会对危险产生错误认识。不仅是幼儿，就年龄较大的孩子也经常遭到大人的训斥：‘不要做这个，不要碰那个！太危险了！’那么，大人认为孩子不应该做的危险事有哪些呢？难道只是不允许孩子用刀、拿瓷器或者划火柴？但是，为什么孩子做这些事有危险？谁没见过教堂里的孩子拿着点燃的蜡烛，蒙台梭利学校的学生在校或在家用锋利的菜刀切菜，或者端着昂贵而又易碎的瓷器？那么它们算不算危险物品？不，它们本身并没什么危险。只能说它们可能有危险。碰这些东西对孩子显然是一种挑战。一样东西对孩子有没有危险，那要看是什么孩子而定。如果孩子很调皮，动作又笨拙，经常心不在焉，那么几乎所有东西到他手里都会变成‘危险品’，而同样的东西到了另一个孩子手里，不但没有危险，反而可能有益。”

从道理上讲，大人本来就该把家中的有毒物品甚至可能致命的危险品藏好，让孩子生活在安全的环境里，但许多人往往矫枉过正，把那些让孩子能够学到新技巧的物品也藏起来，还美其名曰确保环境绝对安全。例如，一把螺丝刀、一副刀叉、一杯水、一个漂亮的瓷器，都可能会给孩子造成伤害或摔烂。然而，换一个角度看，倘若大人能当面向孩子示范如何正确使用这些物品，那么对孩子日后的成长和发展将大有裨益。因此，与其把所有可能发生危险的东西都藏起来，不如耐心地教孩子正确使用的方法，这才是孩子迫切需要积累的成长经验。过分关心孩子的安全，不仅会剥夺他健康成长的权利，还可能使他性格软弱。

如果学校和家庭都想方设法让孩子远离现实生活中的危险事物，那么孩子将会成为傀儡。由于没有学会独立生活必需的技能，将来一旦他进入陌生环境，就会不知所措。他将面对周围的无数危险而毫无防备，必须完全依赖他人。他的心理和身体功能，都没有为应付各种危险做好准备。由于每件事物对他都有潜在危险，因此，这个社会在他眼里是完全陌生的。他毫无处理问题的经验，一遇到问题便手足无措。也正由于没有经验，因此，在他看来充满敌意的社会里，他就成了危险人物。他只能寻求庇护，躲到自认为最安全的地方。他将终日离不开那些愿意帮他思考、决定和行动的人，以免应对“由于自己错误思考、决定和行动造成的恶果”。但不管怎么样，他终将独自面对完全陌生且不断变化的生活环境。

良好的家居环境并不排除“不必要”的危险事物，而是要让孩子学会在危险环境中灵活应对的技巧。倘若孩子学会了划火柴，就可以将掌握的技巧应用于其他场合，比如帮厨或者点壁炉。如果大人嫌他碍手碍脚，不让他帮忙，他也会趁没有人注意时偷偷地玩火，这样反而会引发火灾，造成巨大生命或财产的损失。

因此，聪明的父母愿意让孩子接触危险事物，而且是真正危险的事物。不过，一定要提前严肃地和孩子讨论可能发生的危险，以便他们心里有数。

否则，一旦遇到真正的危险，大人突然尖声阻止，孩子吓得惊慌失措，反而容易导致不必要的伤害。所以说，良好的家居环境不仅要为孩子提供应对险境的机会，更要事先想好应变的办法，一旦危机出现，家人便能以泰然的心情、平静的语调和果断的行动予以化解。

有意思的是，善于妥善应对生命危险的专家在面对家庭安全问题时往往表现得最糟糕。医护人员心里很清楚：自己之所以能够掌握一些锋利器具的正确使用方法，是由于接受过专业训练。但当他们看到自家孩子拿起水果刀或尖利的剪刀时，却紧张得几乎要崩溃，这实在是杞人忧天。当然，父母如此焦虑也是正常的。想消除焦虑，就必须提供恰当的机会，让孩子学会正确应对各种险境的方法。只要愿意面对危险，勇敢承担责任，就能化解危机。在绝对安全的环境中长大的孩子，到了其他场合就会变得彷徨和无助；反之，在现实生活环境长大的孩子，内在潜能将能得到最大限度的发挥。

（大卫·肯）

PART 9

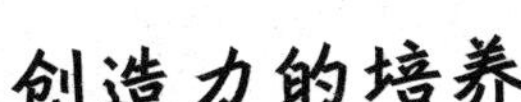

创造力的培养

当今性教育最大的缺失，就是没有触及“减少性行为”这一课题。性教育普遍谈到青少年应进行“更负责任的”、“更明智的”、“更有计划的”以及“更谨慎的”性行为，却从不提及应当减少性行为。性教育建议青少年必须小心、谨慎，却从不建议他们自我控制。

chapter 34

创意、自我与环境

我们强调，大人应当为孩子提供精美的搁物架、剪刀、糨糊、黏土、绘图工具、乐器等器材，因为这些器材对孩子的健康成长非常重要。

蒙台梭利认为，创造力是一个人全面发展（包括智力、艺术能力、感性和生理能力发展各个方面）的一部分。阅读她的著作时，我们会发现她尽量避免用“创造力”这个字眼。最有创意的艺术家总认为自己作品最突出的特点就是有创意。蒙台梭利完全了解创造力的本质，她思想的每一个层面都充满创意。她在关于孩子发展的研究过程中付出的努力前所未有，其中包括人格的塑造、自我的建立等。

蒙台梭利进一步将“自我创造”界定为自然力量，并认为这是一种大人不应干涉的生命推力。她再三强调，孩子身上有一种神秘的意志力，使他深信“靠自己就能实现完美”。遗憾的是，大人却总在浪费大量时间和精力，不断去干扰孩子“本我”的发展。孩子天生就希望与周围的环境和谐共存，希望在所处的环境里工作和生活，希望了解自己和其他事物是什么关系。在蒙台梭利学校，每种教材都有特殊的用途，都是促进孩子发展的手段和工具。有人指责这些专门教材会限制孩子的创造力，但事实上，每种教材的用处都有很多，一旦应用到孩子身上，将激起他们强烈的好奇心。像一盘棋的下法多得数不清、但必须遵守相同的规则一样，蒙台梭利教材也有既定的规则，能引导孩子发现一连串令自己惊喜的奥秘，从而促使他们寻求更有创意的应对方法。

环境在这一过程中可谓最大的创意来源。我们强调，大人应当为孩子提供精美的搁物架、剪刀、糨糊、黏土、绘图工具、乐器等器材，因为这些器材对孩子的健康成长非常重要。但蒙台梭利学校的教学原则也很简单，即：最有创意的组合便是孩子自己确定的组合。

在培养孩子创造力方面，家庭环境的特殊功能和蒙台梭利教材的一样。如果家长允许孩子利用环境，并且不断告诉他们如何“利用”环境，那么孩子的内在潜能就会逐渐释放出来。例如，父母可以教孩子怎样揉面、烤面包，如何清理壁炉，如何用东西把黏土包起来以免风干等。当大人示范环境的各种功能时，孩子就能在现实环境中发现：原来做成一件事的方式多得数不清。长大后，他们将能更自信地利用环境，培养出更高级的技能，发现更多的创意。甚至连人脑想象出的奇幻世界，也是以客观世界为原型形成的。当孩子体验过泡茶的过程，或者亲自打扫过房间之后，你再让他们举办一次“茶会”或者玩“过家家”游戏，他们自然做得“生动又逼真”。

孩子强烈期望自己的人格健康而平衡，而许多大人都不知道这一点。其实，真正实现自我的人对自己的优缺点心知肚明，对自我的成长深思熟虑，对自己的人际关系洞若观火，对别人的进步也毫不眼红。创造不一定非得是一幅旷世奇画，或灵光乍现，或一时冲动。现今时代需要的创造力，是新一代年轻人利用自身的创造性思维，对身边环境的重要性和毁坏性进行重新审视，并想出创造性方法，使环境的消耗、维持和控制均衡发展。

因此，我们将孩子的创造力托付给生命中的潜意识力量，因为孩子不能仅靠学习一些课程便开发出创造力。工作一段时间后，孩子必须适时地休息。在孩子很小的时候，大人就应当培养他专心致志、不受干扰地做事的态度，不要施加强迫性的铃声或者强迫他参加大人挖空心思想出来的团体游戏。在蒙台梭利学校，老师鼓励孩子高度参与各种事务，允许他们按照自己的节奏自然进行而不加干涉。蒙台梭利观察指出，人格发展是“持续的一系列再生过程”，即一连串潜意识进入新的成长阶段的过程。在每个成长阶段，孩子肯定会有一连串不同于以往的新发现，这使他们能够清楚地了解自己的人生地位、将来的前途和发展，并为把握命运做好准备。

在孩子很小时，除了让他们观看无聊的电视节目、乱拿危险物品之外，也允许他们活蹦乱跳、不停地说话、表现出无穷的好奇心，这是我们大人份内的职责。为什么不让孩子具有创意的好奇心有地方施展呢？既然可以让一个 3 岁的小孩看我们缝衣服，那么也应当让他实际参与进来。谁说 3 岁的小孩不会缝衣服？如果孩子看过水管工修水管，从而也想修修坏掉的东西，为什么不能让他去修理摔坏的玩具？这是重要的人生起点，可以培养孩子发挥无尽的创造力。父母要全力支持、设法引导这种建设性的成长动力。要想实现这个创造过程，就应当允许孩子做一些真正的工作。一旦孩子懂得如何应对真实环境，并且培养出灵巧的双手和敏锐的观察力，那么他们丰富的想象力和艺术才能自然就能得到激发。

（大卫 · 肯）

教育的四个阶段

与其将在校教育区分为托儿所、幼儿园、小学、中学和大学，不如针对孩子的发展阶段，设计不同种类的教育。

我们的教学方法，是根据对不同成长期的孩子进行认真观察后产生的心得总结出来的。不同阶段的生命有不一样的发展需要。由于不同阶段的发展需要有不同的特色，因此有些心理学家称这一发展为“再生”。

与其将在校教育区分为托儿所、幼儿园、小学、中学和大学，不如针对孩子的发展阶段，设计不同种类的教育。

学前阶段

从出生后到 6 岁前，是孩子发展的第一个阶段。处于这一阶段的孩子部分时间在家里，部分时间在学校。因此，这一阶段的教育应同时考虑家庭和学校两种环境。3 岁的孩子就可以做上学的打算了。经过 3 年抚养，父母对小家伙的需要已经知根知底，那就是：他最需要别人的关爱和保护。

我们观察到一些以前从未有人观察到的事实。例如，学龄前儿童的活动空间受到父母限制，从而使其人格发展受到人为的阻碍。甚至不到 3 岁的孩子也需要社交生活和部分时间的独立生活。处于这一年龄段的孩子，内心深处迫切需要交往和独立。

孩子心里明白，仅凭自身努力便可以独立地成长。我们作为教育工作者，慢慢会发现一个简单而又重要的事实：孩子进入某个年龄之后，根本不需要我们帮助，事实上，经常帮助他们反而对其成长有害。鉴于此，应该营造自由宽松的环境，允许孩子按照自己的意志行动。

不过，千万不要误解上面这句话的含义。“自由”并不表示孩子可以为所欲为，而是指在不受外力干涉的情况下自己做事。那么，我们应营造什么样的环境呢？来我校参观的人指出，我们学校像个收容所，是地道的“儿童之家”。那么孩子们都做些什么呢？他们做的事都有具体而实用的目标，比如打扫卫生、掸灰尘、穿衣服等。在这所“儿童之家”里，每个人都在独立地做事。一旦出现意外，例如，有小朋友打翻了杯子，杯里的珠子洒落一地，那么其他小朋友就会放下手头的工作，立即跑来帮忙。

这一阶段的孩子精力非常充沛。他们经常做出一些超乎大人想象的事，而且做得很好。我们的实验越深入，就越发现自己的判断是对的。例如，一开始我们发现，有的孩子 4 岁半就会写字、5 岁就会读书、5 岁半就会算术。我们以为这是特例，不具有普遍意义。但经过更多的实验我们发现，甚至年龄更小的孩子就会阅读和写字，有些 5 岁的孩子已经能熟练地进行四则运算了。

除学校课程的学习之外，我们还观察到与孩子社交有关的一些其他事实。通常情况下，当大人要求孩子礼貌地问候别人时，他们多半会表现得害羞或不情愿。然而，在我们精心设计的自由环境里，每个孩子都很友善，都懂得人际交往中的礼仪常识，而且也十分乐意学习社交生活的各种礼节。例如，在老师教他们时，他们对如何打招呼、如何道歉（比如从某人身前走过）十分感兴趣。此外，他们对衣着也很有兴趣，希望身边的人穿戴得体、落落大方。在了解这些需要之后，我们给他们准备了鞋刷、梳子和落地式穿衣镜等。

之所以有如此表现，是因为他们觉得自己是这里的主人。在这里，他们心情平静、自尊心强并且有独立的空间。一次，有个人损失了一大笔钱，心情十分烦闷和懊恼，可是当他到我们学校参观，看到孩子们那么活泼开朗时，竟然受到强烈感染，心情一下子好起来了。

小学阶段

孩子长到 7 岁时，心理和生理方面都开始发生变化，不仅有不同的心理倾向，而且也显露出明显的生理变化迹象。例如，乳牙逐渐脱落，开始长出更牢固、更硕大、更深植牙床的牙齿，卷发开始变直并且颜色变深，身体长得更高大、更强壮，一改爱吃甜食的习惯、开始喜欢吃一些硬食等。这一阶段直到青春期之前，可以称之为“初步发育期”。

另外，处在这个年龄段的孩子在心理上也开始变化，不妨用例子来说明。在一所蒙台梭利学校里，有个用于进行生物学实验的水族箱，3 到 9 岁的孩子都能看到水族箱里的鱼。一天早上，箱内所有的鱼全部死光了。年龄小的孩子深受打击，纷纷跑去宣布这条不幸的消息，再匆匆跑回原来站立的位置；年龄大些的孩子则纷纷围在水族箱周围，不断地喃喃自语：“鱼儿为什么会死掉？为什么？为什么会发生这种事？这到底是怎么发生的呢？”

由此看来，孩子的独立精神不同，追求的目标也不同。他们希望了解更多事。我并不是说 7 岁以上的孩子就成了哲学家，而只是说他们已经开始注意抽象的事物，就像 6 岁以下的孩子对有形物体感兴趣一样。

可以这样说，幼儿通过感官感受周围的事物，而 7 岁的孩子开始进入抽象领域（希望了解各种现象发生的原因）。我们惊奇地发现，他们对生活中的道德标准相当在意，例如，经常追问什么是好的、什么是坏的。如果你告诉年幼的孩子他是好孩子或是坏孩子，他通常不会有什么疑义，但 7 岁的孩子想知道自己为什么是个坏孩子、什么样的孩子才是坏孩子等。

到了这个年龄，孩子需要的环境和以前不一样了。他需要了解外面的世界，需要对大自然和人类社会进行更广泛的接触。

我认为，学校应善于运用 7 岁以上孩子的这种探索本能，让他们的文化素养得到进一步提高。光提供学校的教材远远不够，他们需要到外面的世界去观察和体验。除教材之外，学校应教会孩子如何自行开发和使用教材。

他需要探索大千世界和人类社会。这么大的孩子不需要经常被大人抱在怀里宠爱和亲昵，而是需要简单的生活，需要超越家庭和学校的局限，过独立的生活。

处于这个年龄段的孩子可以说：“我能背着背包自己走路，也能躺在草地上。”过去他柔弱而幼稚，现在他已经独立自主。

经验告诉我，普通小学的文化教育还有很大的拓展空间。我校孩子身上表现出的求知方面的潜力，使我们在教育研究过程中得到了重要启示。事实上，我们甚至可以下结论：7 岁到青春期之间的孩子一定要着手打牢文化教育的根基。在之前那一阶段，学习教材旨在帮助孩子培育独立的人格，而这一阶段的教材则应当致力于帮助孩子学习文化知识。

那么，在道德领域我们有什么启示呢？这么大的孩子对道德的意识特别强烈，而且最感兴趣。他们希望知道什么好、什么坏，什么是公正、什么是偏颇。他们对不公正行为感觉特别敏锐。只要大人向某个年龄很小的孩子要某样东西，而孩子却无法拿出来时，那么总会有一个 7 岁大的孩子挺身而出，帮那个小孩辩护。这种反抗行为在每个孩子身上都有体现，甚至对待动物时也是如此。我校的花园里有只小山羊，我经常看它用两条后腿站立，极力去够树上的叶子。有一天，我抓起一把青草，举得很高，想看这只小山羊的两条前腿能否够得到。这时，有个 7 岁大的孩子跑过来，用手扶住山羊的前腿，帮它够到食物，并怯生生地对我说这么做很残忍。

中学阶段

第三阶段始于青春期，这一阶段也需要有特殊的教育计划。进入青春期的孩子接触的人更多，他们关注这个世界和人类社会如何运转、怎样保持有序，并时常用审视的目光观察社会中的人性现象。例如，他们看到不幸者的遭遇时，会深有感触并表达内心的感受，但总体而言，他们尝试从整体上了解人类的行为，包括人类过去的行为。他心理的成熟程度将完全不同于以往。例如，他会对萍水相逢的人产生感情，尽管这是一种朦胧的爱。处在这个年龄段的孩子开始产生“使命感”，期待为社会做贡献，期待被人肯定，而这些想法是他们以前没有的。

许多人都知道，青少年对历史特别感兴趣，但他们对历史的研究并不局限于教材，而是希望亲身探索、亲历亲为。他们想到社会这个大世界里探险。因此，在这一阶段并不适于采用“填鸭式”的教育模式。

中学教育的失败之处，很可能就在于使用了不恰当的“填鸭式”教育。处于这一年龄段的孩子不应再受限于学校环境，而应当走出学校，尝试“活在社会中”。

我认为，青少年不仅应当学会劳动，也应当收获报酬。由此，他们将知道完成工作和得到金钱之间有什么关联，了解金钱本身的含义。由此他们知道“不劳无获”的道理，知道从事有价值的劳动才能赚到钱。

另外，这一阶段的孩子应当持续地提升文化涵养，通过找到独特的学习方法，提高独有的文化素质。他必须善于创造、善于自我调整。前述第一阶段中的孩子可以形象地称为“家具儿童”，因为尺寸小号的家具能让幼小的孩子展示自我；第三阶段的青少年则可以称为“地球少年”，因为这一阶段的孩子和那些关心国际政治、生产、商业等大事的成年人一样，对生活怀有使命感。孩子发育到这一阶段，身上会发生很大变化，由此形成属于这一发展阶段的特质。

第三阶段的孩子开始形成朴素的世界观，关心生产活动和创造行为。但他仍然爱自己的家，依然是处在青春期的少男少女而不是大人。

大学阶段

第四阶段的教育是传统的大学教育。这时候，孩子已经成长为青年，完成了前三个阶段的发展，懂得如何进行自我选择。他敏锐地感觉到，身前敞开大门欢迎他的，是人类生活无数的机会和无限的责任。他渴望做的事绝不仅限于谋求一己私利。在追求的目标上，实现自我已退居其次，他现在首要任务是为实现改善整个人类生活的目标而全力以赴。他经历了发展和教育的不同阶段，遇到并解决了各种各样的问题。如今，他已经进入成为大人的最后一个阶段。文化和教育都没有疆域，没有人为的界限，无论走哪一条路，他都必须懂得这一点。在这一阶段，他必须将这个事实时刻铭记在心，以便在有生之年通过不断努力而完善自我。活到老，学到老，教育是一辈子的事！

经历过不同发展阶段之后，我们必须意识到自身的力量和对人性的需要。人们总希望通过相互了解，实现人类社会的和谐共融，但是这个境界并不容易达到。为此，必须追求更高层次的道德、良知和责任。经过长期的道德磨砺，人们才能肩负起在社会生活中承担的使命，才能进入上述境界，仅凭理论研究和科学发展是无法达到这个层次的。

（玛利亚·蒙台梭利）

chapter 36

艺术与发展

孩子长到3岁时，将试着靠自己的力量独立做事，以及探索未知的世界。他对现实生活中美好事物的感受力很强，而且其精神层面的进步也开始在这一阶段显现。

在蒙台梭利学校我们是从最广义的角度来看待创造力的。正如蒙台梭利博士描述的那样，孩子具备丰富的创造活力，这使他“发展成一个独立的个体，对亲眼目睹和双手接触的自然秩序怀有敏锐的感觉……”。

四个教育阶段的艺术课题

正如我们应针对不同成长阶段的需要、发展不同阶段的学校教育一样，也应针对不同的发展阶段相应调整家庭教育的方法。

在 6 岁之前，即“吸收性心灵”吸收力最强的阶段，幼儿将通过手的活动和间接的智力培养，去探索和经历身边的真实世界。由于不停地活动，他们的智力和身体将自然而然地得到全面发展。这一阶段，大脑储存的印象既丰富又牢固。根据真实生活体验而储存的印象仓库，将成为创造性工作的原始素材，没有这些印象，孩子的想象力将犹如无源之水、无本之木。

孩子长到 3 岁时，将试着靠自己的力量独立做事，以及探索未知的世界。他对现实生活中美好事物的感受力很强，而且其精神层面的进步也开始在这一阶段显现。让这一阶段的孩子培养美感和审美观念至关重要，打好了这个基础，孩子才塑造更加成熟的人格，包括对艺术的鉴赏力。苏联艺术家斯坦尼斯拉夫斯基建议青年演员应学习孩子的探索精神，他说：

“生命中最美的事物莫过于自然，它值得每个人经常观察。一开始，你可以观察一朵花或者一片花瓣、一张蜘蛛网或者窗台上结的霜……。不要躲避自然的黑暗面。不妨常去看看沼泽地和大海淤泥里那些令人恶心的昆虫。请记住，隐藏在这些恶心昆虫背后的就是自然之美。真正的美丽是不怕破坏的。请同时找出事物美丽的一面和丑陋的一面，并学会正视它们。否则，你对美的观念将是不完整的、带有偏见的、经过加工的和情绪化的。”

7 到 12 岁的孩子会变成一个完全不同的人。蒙台梭利博士称之为处在“初步发育期”。这个年龄段的孩子会“不择手段”地探求真理，同时，他的抽象思维能力和道德观念也开始发展，渴望接近大自然和人类社会。在艺术领域，大人最好能提供机会满足孩子体验艺术的需要。正如我们提供最新教材、让孩子有机会深入研究学术领域一样，也应提供体验艺术的机会，让孩子在抽象的世界里自由翱翔。处在这个年龄段的孩子或许不像小的时候那样可爱，但他拥有独特的性格、成熟的智力和强壮的身体，为发挥无穷的想象力奠定了坚实的基础。

13 岁以后是另一个发展阶段。这时候，孩子仍然渴望全方位地学习和提高。允许他独立做事有助于强化其性格。通过感官体验以及与社会接触，他们的艺术素养将得到进一步强化。他们将以历史、社会和商业活动为素材，充分发挥自己的想象力，完成一件件精美的艺术品。

在经历过与美好事物共处的第一阶段、对美好事物进行抽象分析的第二阶段以及将审美能力体现在艺术品上的第三阶段之后，青少年便开始走上向大人成长的道路。当他能做出有益于全人类的理性选择时，将会发现横在面前的文化和教育之路无限宽阔。任何一个全身心投入自身成长进程并且喜爱艺术的青少年，都必定能在艺术之路上走得很远。这些青少年当中，有些人以艺术为终身职业，另一些人虽然只是酷爱艺术，却在生活中也无法离开它。尽管花的时间不多，但他们仍能通过艺术之路更深入地了解人类，进而更加珍视和平。

一些实用的例子

学龄前儿童的艺术活动应在了解和参与之间把握好“度”。大人应为这一年龄段的孩子提供探索大自然的机会，这对他们了解自然极为重要。例如，可以带他们在树林或公园里散步，收集漂亮的树叶，沿着沙滩漫步，倾听海浪拍岸的声音，寻找美丽的小贝壳，深夜仰望天上的月亮或者看天空中闪烁的星星等，这些都能成为孩子美好的记忆。回到家之后，他可以将收集的宝贝放在一个特别的地方，一有闲暇就可以拿出来玩。

让孩子欣赏艺术的第一步，是专门为他们留出一面墙，供其悬挂自创的画作、临摹画或立体艺术品，悬挂的高度以他们看得清楚为准。在每件艺术品的下面，用孩子能看懂的语言做简要介绍，这对他们也很重要。孩子们小小的心灵将通过这些字里行间，吸收和领悟这些艺术品的精髓要义。与那些只对具体事物有感性认识的孩子相比，早日接触艺术的孩子具备更丰富的抽象推理能力和想象力。

还有一点也很重要，那就是多为孩子提供亲自参与不同艺术体验的机会。父母可以在家里开辟一个艺术创作园地，允许孩子任意选用艺术器材，以便充分发挥丰富的想象力。在创作过程中，父母除了教他正确使用工具之外，最好不要有其他干扰。

小孩都喜欢在地板上信手涂鸦，因此，父母不妨在地板上铺一些旧报纸，而不必专门买一块画板。父亲的旧衬衫是孩子最理想的工作服，装松饼用的锡盘则是完美的调色盘，甚至连上窄下宽的水罐也能派上用场。而纸张、破布、各种规格的刷子等也都是不错的创作工具。

由于学龄前儿童主观意识强烈，学习时全凭直觉，因此，除非他开口询问，否则大人无需过多解释，而只用教会他使用工具的正确方法，以便将来能顺利发挥想象力即可。

其他供学龄前儿童使用的艺术工具还有粉蜡笔、油蜡笔、炭笔、黏土、美术拼片（应先学习剪贴）、画纸、剪刀、糨糊等。父母无需一次备齐，可以轮流供应。

纸张的准备必不可少，但可以轮流提供不同颜色、尺寸和样式的纸张。小艺术家们爱在墙上乱涂乱画，这往往是父母心头难以解开的心结，鉴于此，不妨规定孩子只能在某一面墙上绘画，或者专门制作一块黑板供他使用。

谈论艺术

和孩子谈论艺术家们的作品很有用，但不要谈论孩子自己的作品。尽管孩子可能会在完成某件作品之后签名留念，但大人不要对他们期望值过高，总希望有什么惊人的表现，而且称赞的时候要小心得体。重要的是，整幅作品从第一笔到最后一画，都必须由孩子独立完成。

一些父母常问的问题

以下是父母常问我们的一些问题，我们事后进行了全面整理。相信下面的答复能满足许多家长的需要。

问：为什么您力主我家的孩子不要使用蜡笔或炭笔？

答：我想，使用不同绘画材料的确可以丰富孩子的内心世界，但也要遵循儿童自然发展的客观规律。当他发展到具有线条的概念并能分析线条时，作品中就会显示出对大量使用线条的需求，那时再让他用蜡笔不迟。

问：为什么我 5 岁的儿子只用铅笔绘画，而一直拒绝使用蜡笔或水彩笔？

答：这有多种可能。也许他比较谨慎，也许他怕自己把作品弄得一团糟，也许他需要首先得到大人的肯定，也许曾经有人问过他画的是什么东西，还可能是老师让他看过其他孩子的作品，给他留下了深刻的印象，他必须首先超越对手。

问：为什么不让孩子用雕刻时使用的黏土？这种原料用起来方便得多。

答：我认为应当让孩子接触真实的东西。塑料盘是真实的，雕刻时使用的黏土也是真实的，只不过瓷器和天然的黏土不仅能给他们带去唯美的喜悦，有机会还应让他们置身于现实世界，接触真实的东西。因此我认为不应当这样做。

问：为什么不给孩子买成套的艺术创作工具或美工器材？

答：它们能提供给孩子的艺术体验相当有限，而且不能带去唯美的喜悦，更与现实世界格格不入。此外，儿童也不喜欢重复地制作同一种艺术品。

问：为什么要给孩子不同尺寸和颜色的纸？

答：这是因为孩子的秩序感很强，纸张的尺寸和颜色不同，有助于鼓励他们追求一定的秩序。此外，不同的纸张有益于孩子自由地进行艺术探索。

问：强力胶不是比糨糊更好用么？

答：是的，强力胶的确更好用。不过，当孩子处于第二个发展阶段时，我们是希望他更有效地使用工具呢，还是使用更有效的工具？

问：我真的不了解你们的教育思想。比如，你们先示范用黏土进行创作的过程，然后又迅速把制作好的造型揉成一团，不让孩子们看清造型是什么样子。

答：对于这一阶段的孩子而言，示范正确的创作过程比让他们看清结果更重要。一旦懂得如何创作，他们便能根据自己的想象，创作出任何想要创作的东西。留下造型只会干扰他们的创作思路。

和音乐一样，艺术也是没有国界的全球通用语言。任何人都可以学习艺术、了解艺术，不管哪个国家的孩子，都有学习艺术语言的求知欲。从出生后到 6 岁之间，孩子的智力活动和生理技巧都会融入其创作过程，这是人类才有的特质。

（尼尔 · 尼格、凯玲 · 兹曼）

出生至12岁的音乐教育

语言和音乐都有助于满足孩子的需求。在学习语言的过程中，他不仅听别人说话，也开始慢慢地用语言表达内心的想法。

人们常问："蒙台梭利学校的音乐教育怎么样？"蒙台梭利的音乐教学法和语言教育密不可分。不妨看看两者的相同之处。

吸　收

从出生的那一刻起，婴儿就被家人的说话声包围。婴儿所学到的也是这些特定的说话方式，其中包括词汇、用句和声调。婴儿将在这种语言环境里逐渐掌握说话的技巧，而并没有人教他怎么说话。同理，如果家里经常播放音乐，孩子将能学会另一种沟通方式。音乐是感情和生活形态的一种自然表达，是鼓舞、活力、满足和平静的不竭源泉。语言和音乐都有助于满足孩子的需求。在学习语言的过程中，他不仅听别人说话，也开始慢慢地用语言表达内心的想法。至于音乐，牙牙学语的小孩不仅喜欢听人演奏或听歌，而且也开始主动哼出能表达内心情感的"自创曲目"。

感官的探索

一旦孩子进入蒙台梭利学校学习，学校能够提供的求知途径就更多了。在学习上，例如，更多文字来提高语言能力；用声音游戏配合字母教学，使声音成为看得见的东西；通过文字练习掌握文法和造句技能；用可以移动的字母学习写作文；通过讲故事、上台讲话和诗歌创作，来提升文化素质等。而在音乐上，蒙台梭利学校也提供了更广阔的音乐探索之路，如通过打击乐队的演奏帮孩子辨别音质的异同；设计学习音乐节奏的游戏；利用绿色和白色木板学习记乐谱等。

音乐的写作及阅读

经过金字塔式的语言教学，孩子到了 8 岁已经能轻松地阅读了。同样，通过感觉的练习和乐谱的辨认，初级班的孩子已能看懂乐谱，甚至能自己作曲。另外，和语言教学一样，老师也会提供音乐历史教材，让孩子们联想过去音乐和历史人物的关系。因此，音乐不仅和语言有关（如高音、低音、弱音、强音），更能反映出人的生活。孩子们可以从历史观点（巴哈的音乐反映出所处的时代和人们的生活）以及自己的主观角度（孩子们创作的曲子反映自己的思想和语言）去了解音乐。下面，我们就进一步探讨老师和父母应如何帮孩子学习音乐。

家中的音乐

父母的鼓励，希望孩子学音乐的父母最好抽空和老师讨论这一问题。我们建议父母提供一个能帮助孩子了解音乐的特殊环境。这里并不是说一定要有钢琴室，而是指提供一个能激发孩子对声音产生兴趣的地方。父母应确定希望孩子经常听哪种音乐，还要确定音量大小，以便尊重孩子的需要。如有可能，全家人可以围着桌子合唱，或者外出郊游时齐唱。或许家里有人在现代舞蹈或某项乐器方面有造诣，也可能有一些情景能激发即兴音乐创作，譬如，在参观动物园时为动物即兴作一首乐曲。

在创作音乐中父母的角色：正如帮孩子掌握说话技巧一样，父母也能帮孩子掌握音乐技巧。父母应考虑两件事：一是随时注意孩子对音乐创作的兴趣和倾向，二是当孩子明显有兴趣时，帮他探索音乐创作艺术。前者要求父母善于观察孩子的眼神、声音和身体移动情况，后者则要求父母鼓励孩子照自己的意愿反复尝试。如果某种活动他参加太多，由此可能感到厌倦，那么父母应允许他尝试另一种。创作音乐的体验可能每一次不是很多，但都能给他带去快乐，并加深他对音乐的兴趣。

音乐的兴趣范围：孩子对音乐的兴趣是多方面的。

孩子对没听过的声音都很好奇。父母不妨也做出有兴趣的样子，例如问他这样的问题："你听到什么声音了？是一只狗在叫吗？"

"你要不要听听我手表走动的声音？……滴答、滴答？"

"你喜不喜欢听'一闪一闪亮晶晶'这首歌？"

"让我们听一首莫扎特的音乐吧。"

减少视觉刺激有助于孩子专注地聆听声音。此外，孩子对陌生人的声音也经常表示好奇。

人声可以成为婴儿学唱歌的基础。例如，母亲一边摇着摇篮、一边唱歌哄婴儿入睡时，婴儿最初可能只会咿咿呀呀地跟着哼。这时，母亲可以改用简单的语言唱同样的曲调，如"呀呀"，并带着婴儿一起唱。随后，母亲可以用"爸爸"或"拜拜"等有具体含义的字来代替。不到 3 岁的儿童可能唱歌不完整，但却能说出完整的句子。这时，你们可以合作唱一首歌，例如，父母可以唱道："小熊在哪里？小熊在哪里？"

（孩子会拿出事先藏起来的小熊。）父母然后和孩子一起唱："小熊在这里！"

还有另一种游戏。当孩子用"啦啦……"唱某首歌时，你可以跟着他的音调陪他唱完这首歌。（如果唱到一半孩子的音调变高或变低，你也要跟着变。）你可以帮他唱一首听过多次的歌曲的一部分。重复练习歌曲的一部分，要比一下子学会整首歌容易很多，也更容易激发他的兴趣。

儿童还对特定的身体动作感兴趣。

父母抱着婴儿时，婴儿能感觉到父母身体的自然节奏。当他开始通过动作下意识地做实验时，一般会有节奏地移动。这时，父母可以在一旁鼓励他重复那个动作，比如对他说："踢吧，踢踢你的腿"或者"拍吧，拍拍玩具"。在这一过程中，我们希望孩子的下意识动作能变成有意识的动作。同样的动作反复多次之后，孩子将变得更专心、更有兴趣，而且持续的时间很长，甚至让父母吃惊。稍大一点之后，孩子开始学走路（并非走到特定的目的地）。雷娜 · 威克拉马兰尼女士特别强调“乡间漫步”的重要性。“漫步”的体验有助于鼓励孩子学会思考未来，并帮他学会身体平衡，还有助于树立自信。任何初级班的孩子都可以通过这些练习，使自己的动作更加完美。一个懂得如何协调身体动作的孩子，更容易体验音乐节奏带来的快乐。

再往后，孩子开始用某个物品敲打另一个物品。

这时，儿童会反复试验不同的声音，例如，用汤匙分别敲击金属锅和敲打纸盒，其声音有明显区别。当他尝试着敲击某个物品时，大人不妨在他身体的另一侧放一件同样的物品，让他前后敲打，并跟着节奏摇晃身体。这就是学习乐器演奏的前奏。当孩子重复上述动作时，父母应逐渐减少干预，最后让他乐在其中。这种音乐素质培养不仅能帮助他适应学校生活，还能提高他对参与家庭生活的兴趣。

（马莎和山福 · 斯夫妇）

chapter 38

创造性潜意识

所有人的智力活动大部分都在潜意识领域进行，或者说在潜意识里不断留下“记忆痕迹”。潜意识的活动量远远超过创造某个观念的活动量，只是我们意识不到罢了。

我们关注的心理因素主要有三种。第一种是生命要素。它属于生命的一部分，具有储存经验的能力，包括人类在内的所有生物都具备这种要素。为了生存，人类必须将外界印象储存起来用于记忆。但是，人类很快就发现，利用显意识记忆的缺点有很多，往往连刚刚留下的印象也记不住。好在现代心理学证明了下意识（或者叫做潜意识）的存在，这种能记忆所有印象的潜意识值得深入研究。

尽管我们并没有觉察到，但潜意识确实记住了我们接触到的所有事物。人生的一切体验，包括意识到的和没有意识到的，全都完整地记录在潜意识里。

不妨用一个简单的心理试验来证明潜意识的力量。先让某个人记忆一连串分开的音节，等他停止练习几天后，再让他回忆这些音节。由于潜意识已经帮他记住了这些音节，因此在很短时间内他就能一一将其写出。这个试验证明的并不是潜意识具有记忆累积功能，而是证明当一个人记住的东西从意识里消失之后，潜意识能帮他通过刻意地记忆，再将过去的体验找回来。一个受过良好教育的人可能记不住许多学校教过的知识，但由于他的智力超常，并且潜意识已经帮他储存了以前学过的知识，因此他很快便能理解和领悟学过的内容。但这种现象并没有证明这个人对学科知识的记忆能力有多强，而是指这些学科内容在他的记忆里留下了痕迹，从而使他的智力和领悟力得到提高。心理学家称这种“痕迹”为“记忆痕迹”（指学过知识以后之所以能记住，是因为经过多次练习，在相关生理部位留下了痕迹）。

潜意识里遍布这种“记忆痕迹”，因此潜意识智力比显意识记忆的智力提高的速度快得多。对这一现象的关注，促使我们对教学内容和方法进行了相应的调整，结果发现，蒙台梭利学校里的孩子智力成长的范围，要远远比普通学校里孩子的智力成长范围更加宽广。这是因为，后者只重视显意识记忆的知识储存功能，而没有通过持续地积累各种经验，为孩子提供能增加“记忆痕迹”的机会。

另一个生命要素，是对自我实现的内心渴求，法国哲学家博格森称其为“生命的热情”。因为有了它，任何生物都渴望获得生命体验，并将这些体验转化成“记忆痕迹”。这种内在动力促使孩子们自动地、自发地工作，坚持不懈重复同一练习，直到完全满意为止。有时，它也被称为“生命的意志”。与人类有关系的，统称为属于心理因素的意识，而在其他生物身上体现出的，则归类为生理性潜意识。事实上，“生命的热情”无处不在，一旦它进入意识领域，便成为意志的主导性要素。

在潜意识迷宫里还有一个重要因素，过去人们称其为“观念的组合”，或者叫做“形成连贯想法的枢纽”。所有教育都以此为基础。从这一基础出发，最初的观念可以衍生出更多彼此和谐或相互对立的观念。现代心理学家认为它的重要性已经降低，只不过表面仍然是正确的。他们强调，“记忆痕迹”比观念的组合更重要，因为前者存在于潜意识，一旦人们对某一事物产生兴趣，“记忆痕迹”便能立刻发挥作用。换言之，“记忆痕迹”的组合是自发性的，不仅时间更持久，而且功能更强，远远超过相关观念对人的影响力。例如，学生可能研究某个数学问题长达几个小时都百思不得其解，直到小憩片刻或者出去走走再回来的时候，便立刻找到了解题的突破口。这类例子屡见不鲜。难道是由于他休息了片刻，所以才更加醒悟或者思路更清楚了吗？根本不是！而是由于他出去散步的时候，才意识到原来心里面早已有了答案。而由于“记忆痕迹”并未泯灭，所以这个答案猛然间浮现出来。

因此可以说，所有人的智力活动大部分都在潜意识领域进行，或者说在潜意识里不断留下“记忆痕迹”。潜意识的活动量远远超过创造某个观念的活动量，只是我们意识不到罢了。作家经常从潜意识中得到写作灵感，这与显意识记忆几乎无关。因此，在教育孩子时，应特别重视潜意识的运行机理。

我们经常看到：其他小朋友正在忙碌的时候，有个小朋友却独自站起来走一走。因为他在学习某些知识之后，需要独自安静一下。散完步回来后，他将展示出新的技能。这就如同放完长假过后，返校的学生往往会发现，以前想不通的问题或者不会做的事情，现在都会了。经过这些事实的佐证，我们由此得出一个结论：考试不仅无益，甚至有害。

鉴于心理成长和情感发展密切相关，孩子当然喜欢学习新知识。因此，我们应当多让孩子接触美好而具体的事物，以激发其想象力。做到了这一点，任何在教育工作者看来成为问题的问题，都将不成问题。

（玛利亚·蒙台梭利）

想象力与文化

人的想象力就像一个燃烧的火球，不断散发出光和热。无论在生理上还是心理上，人类的任何发明都是想象的结果。

想象中的事物和目睹到的事物最大的区别，是前者没有任何界限。想象不仅可以穿越无限的空间，更能穿越无限的时间。我们可以想象蛮荒时代地球的模样，以及当时各种奇形怪状的动植物。如果想知道孩子是否了解某一件事，就要看他是否“除了解这件事的本身之外，还能超越这件事想象到其他相关事物”。

人的想象力就像一个燃烧的火球，不断散发出光和热。无论在生理上还是心理上，人类的任何发明都是想象的结果。研究历史和地理时如果缺乏想象力，我们将觉得索然无味并且孤单无助。向孩子介绍宇宙苍穹时，除了想象力，我们还能运用什么工具？虽然孩子看不见宇宙的全貌，但通过幻想浩瀚无际的星空，他们的想象力不仅得到激发，而且对生命也充满热情。

造物主在创造地球生物时，多少都会遵循一定的规律。例如，我们在研究植物或昆虫的成长过程时往往采用类推法，因为没有人完全了解所有的植物或昆虫。看到一棵松树，便能想象出其他松树生长的情形；熟悉田间昆虫的各种特性之后，便能对其他昆虫的习性有大致的了解。从来没有人熟知地球上的所有昆虫，人们是凭借想象力、从心理上了解世界的。因此，实际的情况是：人们先透彻地研究某种生物，然后再想象所有其他生物。先有对细节的了解，后才能产生想象力，再之后获得对事物全貌的认识。因此我们说，对事物细节的研究，其实是为了将细节作为想象素材，而自然的、细微的特质总能给我们留下深刻印象。

见过一条河或一个湖泊之后，还需要实地观察全世界所有的河流及和湖泊吗？当然不需要。这时，想象力便能帮助我们认识这个世界。一台机器，一个钓鱼的人，一个工人，都是为学习知识打基础的细节。全世界都用这种工具来培育不同的文化。毋庸置疑，当某人接触或拥有一件事物时，便会获得不少知识。他对这件事物产生兴趣，想做进一步了解，这便激发他的智慧去做进一步的探索。从气候到风向，人们都是由于想要懂得更多，才去学习相关知识的。与其在课堂上说教和示范，不如将知识带入实际生活。简言之，除学校教育之外，走进大自然已经成为强化教学效果的关键所在。

《创世纪》开篇便说："神造天地"。这句话很简单，但描绘的场景却蔚为壮观，使人类的心灵苏醒过来。当微观世界陆续出现，人类的兴趣便得到激发。兴趣越高，收获的知识就越多。但是，现在的知识传授规模和以前大不相同了，因为学习现在的知识仅凭感觉是远远不够的。如今的孩子必须不断调整想象的方向。想象力是小学生拥有的最强大的力量。由于老师不可能在课堂上示范所有事物，因此学生必须学会充分发挥想象力的作用。7－12 岁孩子的在校教育必须重视激发想象力，因为想象力是创造客观世界的力量源泉。鉴于此，大人提供给孩子的想象素材必须十分精确。像数字和数学一样，精确是了解客观事物的基础。那么，精确对想象力有什么影响呢？最大的影响是神秘性。于是，当一个人知道某种客观事物的精确细节后，便能通过想象力进行想象。想象力的作用绝不仅仅是人类用于幻想，然后从中得到快乐；与人类的 4 种常用文化（语言、宗教、葬礼、艺术）相比，想象给人类带来的快乐不见得更多一些。除非运用想象力，并配合勇气和力量去创造新事物，否则，想象力并没有什么了不起。倘若不妥善利用，想象力就会带着人的灵魂在缥缈的幻境中漫游，对真实生活没有任何帮助。

假如我们让孩子们相信某些幻想的人物是真实存在的，并希望由此培养其想象力，那么会出现什么情况呢？以圣诞节为例。拉丁美洲国家的孩子相信，在圣诞节当晚，一个与人长得差不多的丑陋的妇人会穿过墙壁、从烟囱下面走出来，给乖孩子分发玩具，只留一包煤炭给最顽皮的孩子。在说英语的西方国家的圣诞节，孩子们则相信圣诞老人会驾着雪橇，背着一大袋礼物，挨家挨户地分送礼物。不过，孩子怎么能根据我们想象的结果，培养自己的想象力呢？真正在想象的是我们，而不是他们。他们相信我们所说的圣诞老人真实存在，因此无需想象。对那些缺乏实际经验和应有知识的不成熟的孩子来说，“容易信别人”是其最大特点。他们分辨不出好与坏、美与丑、善与恶。难道在小孩由于幼稚无知而表现得轻信他人时，我们就去培养他们易于受骗的性格吗？当然，大人当中也不乏容易上当受骗者，但这种人是由于智力不高，所以才过于相信别人。在民智未开的年代，由于人们知识水平低、容易受骗上当，因此政府便施行愚民政策。容易受骗之类的字眼其实适用于文明尚未开化的落后地区，值得庆幸的是，我们已经走过了如此蒙昧无知的时代。

难道这种根据易受骗心理而发展出的神话式想象，正是我们希望在孩子身上培养的品质吗？当然不是，我们的确不希望这种情况再度继续。事实上，当我们听到有孩子声称“再也不信什么神话”的时候，内心会倍感欣慰。我们可以对别人说：“他不再是个不懂事的小孩了。”我们都期待这一天能够来到。如果真有这一天，我们应当扪心自问：“在此之前，我们做了什么，让孩子脆弱的心灵变得如此坚强和成熟，以至于不再容易受骗上当？”其实，尽管无知的大人让孩子处在无知的幻想领域（比如讲述圣诞老人的故事或其他神话传奇），孩子却仍能排除困难。他既要超越自己，又要突破大人的束缚。他遵循内在力量的引导，靠自己闯出一条通往成熟的成长之路。孩子经常会对我们进行无声的抗议，似乎在说：“给我们的痛苦实在太多了！为了成长，我们已经如此辛苦，你们却还要不断地束缚我们！”如果看到刚出生的婴儿没有牙齿，就认为他不该长牙，从而拼命压住他的牙龈、不让牙齿往外长，那不是很荒诞么？如果看到刚出生的婴儿躺着，便认为婴儿就该躺着，当他长到 1 岁、想站起来的时候，认为他不该站起来，于是拼命阻止他这样做，那不是太过分么？可悲的是，我们经常这样做，例如，当婴儿牙牙学语时，父母总喜欢模仿他的音调，学他说话。婴儿听到的应该是大人用正常腔调说的话，只有这样才能很快掌握母语。模仿婴儿说话腔调的那些父母，无异于人为地拖延了孩子学会正确语言的时间。同理，我们对孩子讲述杜撰的神话故事，也会阻碍其想象力的发展。

想象力是人类智慧的基础，它将引导智慧进入更高的抽象层次。但想象力也需要扶持和帮助，需要合理地建立和组织。只有这样，人类才可能发展到新的层次，进入无限宽广的想象空间。

（玛利亚 · 蒙台梭利）

PART 10

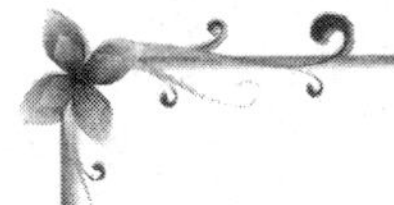

儿童的性教育

管教的内涵当然远不止维持秩序，可以说，它是使孩子朝着令人满意的自控方向逐步成长的过程。大人应该懂得，孩子的道德发展要经历三个主要阶段，而在每个阶段他们都需要大人的帮助。

chapter 40

了解生命历程的自然教学法

如果小时候孩子眼中的父母就彼此互敬、互谅、互爱，那么父母将是他性教育的最佳教材，因为他能从父母身上，看到最完美、最严肃、最真实的男女关系。

蒙台梭利博士从来没有讨论过“性教育”，也没有在书中提到过性的话题。她之所以对性话题避而不谈，绝不是主观忽略或故意逃避，相反，蒙台梭利博士是从更严肃的哲学角度来涉及人类生殖话题的。她将研究重点放在胎儿的发育以及接下来对婴儿的照顾上。她睿智地避免采用医学术语来谈论人类的性话题，而是从更宏观的角度来探讨，并且将自然、爱、亲子关系和儿童发展视为“一个不可分割的整体”。

与目前流行公开讨论“性行为”的家庭计划生育手册、媒体广告、在校性教育以及“性指导”等相比，蒙台梭利的教育方法显然更为独特。在孩子看来，人类性交及其细节的描写非常晦涩难懂。因此，孩子的自然关注点不在这些方面，而是将注意力投向一个更宽广的领域，例如：我是谁？我从哪里来？要到哪里去？与了解夫妻同床、性疾病等有关知识相比，孩子更想知道上述问题的答案。

孩子想了解与生物起源以及生理机能有关的问题，因为他对自然界天生有一种亲切感。诸如春天候鸟归巢、小动物出生、宠物的养育与成长等现象，不仅能促使孩子更加关爱环境，而且还刺激他去主动探索自己的生物性问题。换言之，每个孩子都知道自己是自然界的一部分，于是才有兴趣探索生命的起始和结束。当看到或听到小动物诞生以及母兽抚育幼崽的故事时，孩子会乐在其中、为之陶醉。他们对松鼠难逃被车撞死的厄运、人类杀死动物供自己食用以及养育的宠物突然死亡等现象也非常好奇。这些现象都能激发孩子对生物世界的兴趣，这也是孩子在成长中必然会产生的倾向。

因此，保护孩子对自然界的兴趣并引导他探索自然科学的奥秘，就成为一件非常重要的事。多数小学生对史前生命的演变进程颇感好奇，也希望从现代的动物园里汲取知识养分。无论是原生动物还是人类，孩子都希望发现其中的生命奥秘。他会比较自己和史前人类在外表上有什么异同，并运用想象力进一步探索人体的生命机能，如呼吸、循环、感应力、生殖系统功能等。既然如此，当孩子希望对自然界形成整体概念时，为什么要单独灌输“性教育”呢?

父母根本不必成为动物学家，就为孩子介绍自然界的知识。带孩子到自然历史博物馆、动物园，或者拜访兽医、借动物书籍阅读，这些都是简单易行的方法。动植物的生命历程是一个谈不尽的题材，多花点时间为孩子介绍自然科学知识绝对值得。

父母不应对性知识持特殊的态度，而应与生物界的其他事件同等视之。向孩子解释动物园猴子的交配过程，为什么会比解释枫树种子盘旋落地更加复杂?孩子不是窥阴狂，因此他们希望知道身体各部位的名称是无可厚非的。可笑的是，由于当代文化过于正统和严肃，以至于人们竟然借用植物学中的术语来描述性行为，比如“父亲正在播种”。但小孩看到动物的性行为，自然就会提及生殖方面的问题，因此，大人应当以简单的动物为例，用自然的方式向孩子介绍。

刚上小学的孩子问到性问题时，多半与“为什么”、“怎么样”有关。蒙台梭利专门制作了一套探讨生殖问题的教材，并称为“照顾下一代”，书中不仅介绍动物交配，更详细地阐述了对后代的抚养。虽然她介绍该课题的方法和用语很简单，但却能使孩子对生物世界形成一个完整的概念。

教材一开始便介绍鱼儿产卵。鱼把没有保护能力的、“裸体的”卵产在水里，由于数量太多，因此其生存几率仍然较大。两栖动物的卵外面有一层“果冻”覆盖，这一方面是为了不引起其他动物注意，另一方面也是为了提供足够的养分给幼崽。教材从鸟类和哺乳动物的实例开始，讨论如何抚养下一代的问题。雌鸟除筑巢保护幼鸟之外，还通过“反哺”食物给幼鸟喂食。哺乳动物的育婴方式更加体贴，幼崽会一直待在母亲的肚子里，等到发育成熟时才会生下来。之后，母亲以乳汁喂食幼崽，并在提供很长时间的保护之后（远超过其他动物物种），才让它们独立生活。

也许这样介绍过于脱离实际，或者说过于乐观、目的性和方向性太强。但对孩子来说，这样介绍只是为了提醒他们是哺乳动物王国中的成员，并促使他思考与自身有关的问题。蒙台梭利对哺乳动物如何照顾下一代的阐述，是科学研究和本能思考促成的结果。

哺乳动物在自身本能的指引下，会在哺乳期间对新生儿进行无微不至的照顾，家猫就是典范。母猫通常会把小猫藏在某个又隐秘又黑暗的角落，她表现得特别排外，甚至不想让任何人看到它的下一代。一段时间之后，在母猫的精心呵护下，小猫咪个个变得活泼可爱。

野生动物对幼崽的照顾更是体贴入微。大部分野生动物都群居，可是，母兽在快要产崽时会离开同类，找一个偏僻的地方待产。生育之后，母兽会留下来独自照顾幼崽，时间短则两三个星期，长则一个月甚至更久，具体时间视其所属的物种而定。在这段时间里，母兽既要供养幼崽，又要充当其“守护神”。为保护幼崽免于亮光和噪音的干扰，母兽会选择一个非常安静、非常隐秘的地方。尽管有的野生动物生下来就有很大的力气，发育得也很快，但母亲仍然会隔离它们，单独进行细致耐心的照料，直到它们茁壮成长、有了足够力量、能够适应新环境，才会带着它们去寻找同类，过群居的生活。

总体而言，无论是野马、美洲野牛、野猪、狼还是老虎，所有高等野生动物的母性本能都比较类似，母兽对新生儿的照顾方式的确令人感动。

例如，美洲野牛在产下小牛之后，会独自带着小牛生活数周。在这段时间里，母牛表现出无比的耐心，一心一意照顾小牛。如果小牛体温太低，母牛会用前腿盖住它；小牛的身上脏了，母牛会耐心地用舌头舔干净；小牛饿了，母牛会用三条腿而不是四条腿站立，以便小牛能吃到奶水。当小牛长大、被母亲带回同类中时，母牛依然会细心地照料它。所有四足野兽的母亲都有同样的本能。

有些动物甚至不满足于“为幼兽找一个偏僻的住所”，于是花费大量时间和精力寻找最佳地点，其目的只是为了尽好母亲的职责。例如，为了生育和抚养狼崽，母狼会前往森林遥远的角落，竭力找一个黝黑的洞穴。如果找不到理想的避难所，它会想办法在地上挖一个洞，或者在一棵枯树中间打个洞，做成一个中空的“家”。找到或做好这个洞穴后，母狼便从胸前撕咬出许多毛，铺在洞里。这些毛不仅可以使狼崽保暖、有效保护狼崽，而且便于母狼哺乳。狼崽出生之后，有一段时间眼睛和耳朵都是闭上的。在哺育期间，任何动物或人若想接近或侵犯幼崽，母兽都会挺身而出、全力保护孩子。

如果将动物关在动物园里，它们的上述母性本能就会被扭曲。母野猪是最有爱心、最会照顾幼猪的野生动物，但是，一旦把它们关进动物园或者由人类饲养，为了保护小猪，母野猪甚至会吞食自己的孩子。母狮也可能有同样的骇人之举。这些事实证明，只有在免遭人为因素干扰的情况下，动物天生的保护本能才会得到正常发展。

哺乳动物的母性本能清楚地告诉我们：小动物出生后必须接触外部环境的时候，需要母亲予以特别照顾。对于幼崽来说，经过出生考验并开始显示出各种能力之后的一段时间，是至关重要的。在这段时间里，它们需要休息，需要谨慎而低调地隐居。就算捱过了这一时期，它们仍然少不了母亲的照料、喂食和保护，时间又可能长达数月。

母兽不仅关心幼崽的生理需求，也关心对其本能的培养。每头母兽都期望下一代长大后和其他同类一样，包括拥有强健的体魄和高超的猎食本领。而培养这些能力的过程，最好在一个光线较暗、安安静静的场所来完成。当小马的四肢有些力气时，母亲会带着它慢跑，让它慢慢成为一匹真正的马，但在此之前，母亲绝不会让小马抛头露面。同样，除非小猫睁开双眼、学会了走路、长成了真正的“小猫”模样，否则母猫不会让小猫露面。

按照动物的天性，所有母兽都会用最大的耐心和爱心，去认真照顾自己的下一代。更重要的是，在引导后代显露和培养身上的潜能时，母兽甚至关心后代身体以外的其他需要。

同样，对于新生儿，我们除了关心其身体健康，也应当关心其心理需要。

从蒙台梭利提供的启示可以看出，孩子还在母亲的子宫里时，就有一个涉及心理和生理两个层面的隐秘计划在付诸实施。生理生命始于一个小小细胞的生成，并依据一张“精确的建筑蓝图”来建造。因此，向一个 10 岁的孩子传授生育知识时，应强调母体身上具有自然保护机能的部位如羊水、子宫、脐带等。和其他动物一样，人类传宗接代的事实，再次将科学和父母无微不至的爱结合在一起，这种爱是与生俱来的。至于被称为“最高等动物”的人类，其胚胎更是独一无二，因为它除了生理生命之外，还有心理生命，远比其他动物复杂。人的胚胎不可能移植到猪身上，反之亦然。人的婴儿期虽然必须遵循自然法则，但却有自身的特殊含义。蒙台梭利写道：“孩子生活在爱的沐浴中。因为先有爱，后才有婴儿的诞生。婴儿刚出生就被父母的爱包围。父母的爱出自天性，这种爱会带给他们无限的喜悦，所以不会认为爱是一种牺牲。”因此，性知识的介绍其实是真正的“爱的教育”，绝非仅仅作为告诫“切勿未婚先孕”或解释“亲吻多久会诱发犯罪行为”的教材。

如果小时候孩子眼中的父母就彼此互敬、互谅、互爱，那么父母将是他性教育的最佳教材，因为他能从父母身上，看到最完美、最严肃、最真实的男女关系。倘若接下来让孩子阅读“自然科学”和“生物学”相关书籍，他的胸襟便更加宽广，会了解更多爱与被爱的实例。无论有多少社会现象呈现病态，“大自然”都将教育他生儿育女的神圣使命以及照顾后代的伟大任务。他将对未来充满向往。对他而言，人类的爱不是命令或法律，而是生存的理由。他将能领悟人类和自然界的关系，并懂得“大自然是人类的最佳导师，是最能给人启迪的生动素材”的道理。

（大卫 · 肯）

chapter 41

我是谁？我从哪里来？

人类获得的所有知识，都源于“对自身的探索”。当人第一次试图解释自然现象时，就以人的普遍特点和他自己的特质来解释观察到的现象。

知道自己是谁，或者说具有自我意识的动物，一定不会安于现况，甚至会进而提出“我为何存在于这个星球上”的问题。幸亏老鼠和黑猩猩不知道自己是谁，因此不会受到这一问题的困扰。但偏偏人类会问这种问题。一旦人们觉得这是一个严肃的课题，就会穷尽一生之力探求真相。数世纪以来，不知有多少人全身心地投入这方面的研究。不知道自己是谁的黑猩猩，不会有了解自身起源的冲动，因此不会有预测未来的烦恼。就算人能教会它数 100 根香蕉，甚至教会它下棋，它也不会有益于任何科学，不会辨别是非美丑。若要问人最伟大的智慧源于何处，恐怕要回溯到他对自身生命何始何终的追问，或者说对自身存在的意义和生命本身含义的探求。

或许你会问：这些问题和孩子的心理成长有什么关系？请相信我，这两者是有关联的。

人类获得的所有知识，都源于“对自身的探索”。当人第一次试图解释自然现象时，就以人的普遍特点和他自己的特质来解释观察到的现象。例如，他可能会说，风是上帝看不见的呼吸，打雷是大力神发怒和报复所致。根据树木和云彩，他发现了人的形状；根据季节的变化和日夜更替，他发现了人的特别之处。他会对自己的身体和天性做详细的观察，从而在面对自然界时，能很自然地利用观察结果来解释自然现象。不过话说回来，连这一点都是人类运用智慧的成果，因为只有人类才能观察自己。当人类发现自然界的运行法则并联想自我观察的结果时，智力的开发就有了强大动力。但在历史初期，人类最大的好奇心源于对自己卓越天性的追求。通过这种追求的过程，人类得以超越自我。人类已经学会用智慧控制身体活动和心理状态，从而取得许多“只有人才能取得”的成就。简言之，自我观察导致自我控制。人类先学会观察“自我”，然后再学习如何进一步控制生物性自我。从这个角度看，可以说孩子是人类种族历史的缩影。孩子根据自己的身体第一次发现“我”，第一次了解内在与外在、“自我”与“非自我”的区别。一开始，他会触碰自己的身体、吸吮手指头、看见身体的各个部位，第一次形成“我”的概念，但由于对目睹的事物不敢确定，于是再利用新学会的文字，对“自我”和“非自我”进行进一步甄别。处在这一阶段的孩子就像原始人，企图通过找出身体、身体功能和情绪之间的关联，来“解读”各种自然现象。根据对自身形象和对他人身体的观察，婴儿开始了解“男”、“女”两种不同的性别。这是婴儿发育的另一个里程碑。通过了解性别差异，即知道“我是男孩”或者“我是女孩”，“我”这个概念在婴儿头脑中得到强化。再通过辨别“我和爸爸一样是男的”或者“我和妈妈一样是女的”的过程，这个概念便变得更加具体。

在这一阶段，孩子对自己身体的感觉和评价显得特别重要。孩子对自己的身体以及体内排出来的物质会产生“好”或“坏”的感觉。例如，他对大小便感觉不好，觉得厌恶或害羞，甚至形成“我这个人招人讨厌”或者“我这个人就是没用”的感觉。孩子发现生殖器带给自己好感，但却会导致父母（以及宠爱他的人）不快、厌恶甚至惊恐，于是便觉得这种感觉不好、自己的身体不好，甚至认为自己也不好。同时，由于孩子对男女性别的感受与他对自己性器官的感受有关，因此，讨厌自己身体的孩子也可能会由此讨厌自己的性别。怪不得如今的性教育强调：培养孩子对自己身体的正确态度是培养健全人格的重要基础。

到了三四岁左右，当孩子知道自己是“谁”并能从观念上对“我”进行某种程度的组合时，其智力开发将会由于碰到一系列问题而受阻。他开始知道每件事都事出有因，于是想知道“为什么会这样，为什么会那样”。他希望了解某种物品的制作过程。最令他着迷的问题，则是他自己是什么材料做的、他是从哪里来的。

5 岁的谢莉问："我出生之前在哪里？" 妈妈回答："你不记得了吗？我告诉过你。" 谢莉说："哦，我不是指那个！我是指在你身体里长出来之前。"

妈妈顿悟："哦，那时你还是一个很小很小的受精卵。"

"我不是指那个。我是指我还是一个很小的受精卵之前。"

"哦，你是这个意思啊。要知道，你在那之前什么都不是。"

谢莉叫起来："什么都下是？怎么可能什么都不是呢？"

可见，母亲给谢莉各种各样奇怪的解释，最后一个最为奇怪。是啊，她怎么可能什么都不是呢？她无法想象自己尚没有存在时是什么样子，就像无法想象生命的终结是什么样子一样。其实，大人也无法想象此类问题。诗人济慈就曾写道："不存在带给我无比恐惧……"，莎士比亚也提到过"存在或不存在"之类的字眼。一个人的性格是否刚强，就看他对死亡有多么恐惧。当孩子完全认识到自己是一个"人"的时候，"不存在"的想法将通过两种方式进入他的头脑：一种是生命的开始，即"我出生前在哪里？"；另一条是生命的终结，即"人死之后会怎么样？"。从这两个角度，他不停地问各种问题，我们也试着给出各种答案。但很显然，他不满意我们的回答。问题在于我们的答案不恰当，所以才会激起他更强烈的好奇，甚至自行炮制一套理论。简言之，他根本不相信我们说的话！

我们告诉他："一个很小、很小的受精卵……"。"有多小呢？"

"哦，小到用肉眼也难以看到。"（我们也许用铅笔在纸上画个小黑点来形象地比较。）

但这种做法只会加深他的怀疑。对四五岁的孩子来说，白鹳送子（传说这种鸟能带来孩子）的故事甚至更为可信。也许蚂蚁可以从那个很小很小的卵生出来，但他不相信自己也是那样来到人世的。因此，他会大刀阔斧地修正这一事实，并提出自己的理论，例如，他可能把这个卵想得像鸡蛋或者鸵鸟蛋那样大，因为对他来说，这种尺寸的卵还说得过去。

至少两个时代以来的性教育，都在向孩子介绍性知识时采用类似于"父亲播种"等间接委婉的词语。在没有大人引导的情况下，许多孩子信以为真，甚至因此而误触法网。一个缺乏想象力的 6 岁男孩从商店里偷了一袋南瓜子，连包装都没有来得及拆开，就整包种在电线杆下面，期待来年夏天他的小女友能生出个孩子。另一个小朋友通过了解植物授粉知识，推断出"原来父亲的种子是吹进母亲体内的”播种理论。有的孩子则将生育归功于现代科学的进步，因此经常趁机向医生咨询。

我经常饶有兴趣地请孩子们解释他们的播种理论，他们也都欣然应允。以 6 岁的比尔为例。虽然不确定医生具体做了什么，但他知道医生确实对父亲动了个小手术，然后把父亲的种子植到母亲体内某个“恰当的地方”。“那是什么地方？”我问。比尔答道：“这个问题的答案值 6.4 万美元”，然后很谦卑地向我鞠躬。马尔沙的理论就没这么复杂了。“首先，医生要从父亲体内把种子拿出来。”“那么医生是怎么做的？”“我怎么知道？”随后他指出，种子可能是一粒药丸，由父亲交给母亲服下去。马尔沙养了一只公猫、一只母猫和三四只小猫。我问他，“公猫和母猫是怎么生小猫的？”“哦，它们是交配的！你应该知道！”“难道它们不需要医生帮忙吗？”“不，当然不需要！狗和猫不需要找医生帮忙生育，它们就是这样交配的。只是人不能那样做！”

用此类“父亲播种”理论进行性教育依然有很多缺陷。那么，实话实说又如何？事实证明，对孩子讲实话是可行的，只是五六岁的儿童不太容易接受这种事实。有一次，我花了几周的时间，向一个小朋友介绍父亲的精子如何进入母亲体内，他听了之后，露出一脸狐疑的表情说：“哦，也许有些父母会做这种事，但我爸爸妈妈绝不会那样做！”

这个孩子的反应是否证明他神经有问题？是否曾经有人向他灌输性行为可耻的观念？不是，问题没有这么简单。一个正常的孩子在头一两次听到这种事的时候，都会有类似的反应。他们也许不像前面那个小朋友那样直接拒绝这一说法，而是用其他方式加以拒绝，比如在知道后不久就装作忘掉这些事。

甚至连最开明人家的孩子，也不愿相信父母之间有性生活的事实。就算他们从在校教育中掌握了人类生殖的知识，但仍然很难相信除生育目的之外，父母的性生活竟然还有其他目的。对他们来说，只为了肉体享乐便沉浸于柔情蜜意的性生活中，简直是一件不可思议的事。无论大人怎样解释，由于孩子没有亲身体验过，也没有这方面的想象能力，因此仍然认定性交是一种侵略行为，是一种令双方都感到痛苦的行为。有关“进入人体”之类的体验，孩子只能想起“去医院打针”的情景，怪不得他无法想象“做爱”这种让人如此“痛苦”的行为，竟然能让父母乐在其中？他认为，发生性行为只是为了生孩子，而不知道父母竟能“享受”鱼水之欢。这使我想起另一个故事。有位母亲已经生有两个孩子，再过两个月就要生第三胎。6岁的凯蒂问："妈妈，是不是有些父母想要生孩子却生不下来？"母亲回答："是啊。"凯蒂接着说："还好我们家很幸运。每次你和爸爸想要生孩子，都能成功地生下来。"母亲默然。

每当我们试图用解剖学知识，为孩子示范精子和卵子的结合过程，希望他们了解人类生殖知识时，都会很快发现他们反而更加满头雾水。还记得比尔那个以为必须动手术才能取出精子的小男孩吗？我问他为什么需要动手术，他悲伤地说："因为没有其他方法可以把精子取出来。""为什么？""因为父亲的种子太大了。""有多大？""哦，大得像大理石那样。""像大理石？你怎么知道？""我看过图片，就在教科书里。"看到我对他的理论不以为然，比尔显得很生气（这种年龄的孩子已经对教科书奉若至尊）。"比尔，你能凭记忆描绘一下教科书里的精子图片吗？"比尔欣然同意，然后画出一个大理石大小的精子，还有一条尾巴附在后面。对比尔这么聪明的孩子而言，教科书里的精子是高比例放大图但比较可信，而真正的精子需要用显微镜才能看到，小得令人难以置信。这两个事实相互矛盾，令他颇感困惑，比尔宁愿相信用高比例放大的那张图片。你或许会问：他怎么会有这种想法？那是因为"眼见为实"，他只能相信大理石那么大的东西，而不会相信肉眼看不到的东西。

当孩子刚刚从虚幻空间进入现实世界、懂得"眼见为实"的道理时，当他正开始怀疑那些神话故事，因为它们"看不见也摸不到"时，大人描述的人类生殖过程，不是再次带给他一种新的困惑么？大人一再强调精子和卵子是客观存在，可是孩子什么也看不到。他无法想象母亲能生出这么大的婴儿，更无法想象神秘的性交过程。因此，那些被父母视为"无所不知"的天才儿童，掌握的知识其实往往非常有限。

以上所述的孩子对性知识的种种反应，都证明我们引以为傲的性教育原来竟有如此多的缺陷。这是否意味着我们必须放弃现行的性教育方式，再回到原来的童话式教育轨道呢？当然不是。恰恰相反，我们应当进一步了解孩子对性的看法，以便找到更适合需要的教育手段。如果孩子无法完全理解我们提供的性知识，我们就必须设法纠正。一旦真正了解了孩子在特定成长阶段的心路历程，自然就能找到更科学的教育方法。

（希玛·弗雷博格）

chapter 42

青少年的性教育

我建议教育工作者多利用生物学知识。老师不妨带孩子们观察母鸡孵蛋过程，并利用这一机会回答他们的问题。

有位老师曾经告诉我，由于青少年已经了解所有其他事物，因此唯一能真正“教”给他们的只有性知识，另外，性方面的话题是纯洁的、值得尊重的。从那之后，我一直大力提倡开展性教育，一有机会就鼓励孩子不必忌讳和老师讨论相关话题。然而，在研读一些文献报告以及性教育课程、指导手册之后，我又开始对其中的部分观点持怀疑态度。考虑到当今社会流行的某些想法已经在这些性教育教材中得到体现，这迫使我必须出面表明立场。简言之，我不认为目前的性教育具有建设性，而觉得应当在讨论“怎样教”之前先检讨一下教材的内容。

大家都知道，亲密的性行为是在特定生命阶段和特殊场景中发生的。它是婚姻生活的一部分，但也可能是另一个极端，如调情或情绪的宣泄。无论怎样发生性行为以及何时发生，这种行为的意义都不仅仅是身体接触。从轻微的接触到发生真正的性行为，从互相调情到夫妻同床做爱，都与“人”这个主体有关。在性行为过程中，“人”或“自我”必不可少，因为人的情感、欲望、意图等心理因素一定会伴随着身体，共同参与性行为。

人们经常忘记这条最基本的道理。这与青少年的性教育题材直接相关。除了这一点，与个人性行为以及性教育课程有关的，还有“社会的性观念”课题，亦即大人对性的态度、认知和行为。大人的性行为以及谈论性的方式，都是一个社会“性文化”的组成部分。当今社会性文化的主题，已经变成“包括老师在内，为什么许多人对性教育表现得如此忧心忡忡”。

性教育的提倡者唯一的理由，就是目前性病流行、未婚先孕的比例剧增。他们指出："没有人希望得性病以及未婚先孕，因此有必要提倡性教育。"另外，有关"避孕药的使用量减少，未婚先孕的比例增加"的新闻报道同样令人触目惊心。于是，人们更有充足的理由推广性教育，以为这样一来便能减少未婚先孕的比例、性病的案例以及提高青少年的警惕性。

然而我却认为，当今性教育最大的缺失，就是没有触及"减少性行为"这一课题。性教育普遍谈到青少年应进行"更负责任的"、"更明智的"、"更有计划的"以及"更谨慎的"性行为，却从不提及应当减少性行为。性教育建议青少年必须小心、谨慎，却从不建议他们自我控制。

当今社会传递给青少年的信息非常明确：只要不得性病，只要不怀孕，发生性行为没什么关系。由于缺乏经验、不负责任或事先未做好准备而导致怀孕，当然不是好事，但问题的严重性在于，青少年从大人"导师"那里学到的是错误的观念，即怀孕基本上是件坏事。久而久之，他们对这一观念更深信不疑。这就是我们下一代的想法。如果他们的妻子"不小心"怀孕，将被他们看成是一件坏事。

当今性教育导致的另一个严重后果是，青少年早已将性行为和人类生育看成两件毫无关联的事。青少年认为，性行为完全是个人的私事，与其他事情无关。只要避免怀孕、不染上性病，大人不会过问。其实这并不是什么新观念。早在公元一世纪和二世纪，诺斯替教派（基督教早期出现的神秘主义异端）就喊出了"任何时间、任何方式的性行为都与传宗接代无关"的口号。看来，当今的性教育已经成为诺斯替教派在20世纪的翻版。

许多有关性教育的手册和教材都深入探索"性的本身"并引以为傲，却有意对应当克制、明辨是非之类的正当理念避而不谈。这种让人自我陶醉的教材已经深入社会各个阶层，其数量和种类多得惊人。这些欺世盗名之作的内容荒谬得令人难以置信。例如，有一本专为3－6岁小女孩写的书名叫《我觉得身体很好》，其中提到："吸吮手指、摩擦双颊令我愉悦……。我喜欢玩弄阴核。"另一本《学习性功课》则写道："性是一个人最有趣的一部分……。手淫是称颂人体的活动。"在另一本备受赞扬的《青少年与性》的大作里，加州大学的简森博士这样写道："尽管在多数时候，性离不开爱情和婚姻，但也不应该让爱'搞乱'性课题。……女方不小心怀孕称为意外，未婚男女不小心早孕称为悲剧。……手淫是完全健康、正常和令人快乐的。……我再次强调，手淫次数太过频繁于身体无害。……还有什么性活动比手淫更安全、更不会产生不良后果、更不复杂呢？"

此类性教材有两大误区。第一，它们在说谎。正如我一开始所说，任何性行为都离不开人的参与，包括自我、感情、欲望等。如果将性看成一种“自然、正常、快乐的活动，并且与其他事物无关”，则纯粹是误导。所有社会都了解性和人的关系，并以这一原则规范人与人之间的性活动。其实，多数人都相信诸如性之类的神秘活动将触及人的灵魂深处。惠特曼指出：“性包括人的全部。从肉体、灵魂、意义、证明、纯洁、敏感、结果，一直到宣告，都与性密切相关。”从古到今的诗人、小说家、哲学家、圣徒以及多数心理学家，都深刻了解性之所以与众不同，乃是因为它具备独特的美、力量和特质。性可以是爱与承诺最深层的结合，也可能导致强暴、谋杀、自杀，但绝对不会“仅仅是”一种“自然或好玩的活动”。性是严肃的、复杂的、微妙的、神圣的。

第二个误区是：它教导青少年只要能避免不良后果（即性病和怀孕），即可以放心大胆地从事性活动。结果呢，性便成了青少年一心向往、但做起来却毫无意义和目的的活动。性泛滥乃至性病成灾的最终后果，是使得人人自危，于是只好效仿中世纪教士式的禁欲主义。人类曾经发生过这种事，将来还可能再次发生。

面对如此险恶的教育环境，老师应当怎么办？我们当然要扬弃如今荒诞不经的性教材，但也无需一味地谈性色变。例如，有个孩子问父亲“女子色情狂”是什么意思，被父亲痛骂一顿。父亲不仅命令他去漱口，还严禁他再往这方面瞎想。躲避性问题和提供错误观念的后果同样严重。

我建议教育工作者多利用生物学知识。老师不妨带孩子们观察母鸡孵蛋过程，并利用这一机会回答他们的问题。也许与复杂的人类生殖过程相比，母鸡生小鸡的故事过于简单，但打好了这个基础，孩子将会产生敬畏心理，从而树立对生命奇迹的严肃态度。另外，我反对在孩子们不可能有兴趣的时候详细介绍性行为的过程，因为这样做毫无意义。

等他长大到一定年龄，我建议采用一对一的教学方式。传授性知识和答疑解惑的人最好是孩子最亲近的人，比如父母、神父、老师、教士等。性教育不适合公开讨论，而应当由一个肯抽出时间、肯付出耐心的人采用循序渐进的方式教导。也许这种简单而又重要的途径是纠正当今社会性教育歪风的唯一办法。

（成廉 · 班奈特）